CLV

Alfred Eder und seine Zwillingsschwester Lotti bei ihrer Konfirmation 1932 in Gumbinnen

Harald Kruse

Unschuldig schuldig

Ein KZ Überlebender
zwischen Haß und Hoffnung

clv

Christliche
Literatur-Verbreitung e.V.
Postfach 11 01 35 · 33661 Bielefeld

1. Auflage 1994
2. Auflage 1995

Postfach 11 01 35 · 33661 Bielefeld

Umschlag: Dieter Otten, Bergneustadt
Satz: CLV
Druck und Bindung: Druckhaus Gummersbach

ISBN 3-89397-736-8

*»Wer die Augen vor der Vergangenheit verschließt,
der wird blind in der Gegenwart.«*

Richard von Weizsäcker,
ehemaliger Bundespräsident

Obergefreiter Alfred Eder 1940/41

Einleitung

Auf nicht gerade alltägliche Weise fiel mir im Frühjahr 1989 der Brief eines Strafgefangenen in die Hände, geschrieben am 11. und 12. Januar 1976 im Haus A Zelle 408 des Untersuchungsgefängnises Hamburg-Fuhlsbüttel von einem damals 57 Jahre alten Mann, gedacht als Dankeschön für ein Weihnachtspäckchen, das eine Mitarbeiterin der Kirchengemeinde Eidelstedt ihm in der Adventszeit geschickt hatte.

Auf vierundsiebzig eng und sauber beschriebenen DIN A 4 Seiten versuchte dieser Mensch, der in der Nachkriegszeit straffällig geworden war und viele Jahre hinter Zuchthaus- und Gefängnismauern verbracht hatte, zu erklären, weshalb er sich erneut in Untersuchungshaft befand.

Das Schicksal dieses Menschen berührte mich auf eine bisher nicht erlebte Weise. Beim Durcharbeiten seiner Biographie trieb es mir den Schweiß aus den Poren und immer wieder den Adrenalinspiegel in die Höhe.

Ich hatte es mit einem Zeitzeugen des dunkelsten Kapitels der deutschen Vergangenheit zu tun, einem unmittelbar Betroffenen, der während des Zweiten Weltkrieges buchstäblich die Hölle auf Erden erlebt und wie durch ein Wunder überlebt hatte.

Schließlich hatte ich nur noch einen Gedanken: Wenn dieser Mensch noch lebte, dann wollte ich ihn finden und mit ihm reden.

Kapitel 1

Wenige Tage später fuhr ich mit dem Frühzug nach Hamburg-Bergedorf. Aus dem Brief jenes Menschen wußte ich, daß er dort gewohnt und gearbeitet hatte, bevor sich das Gefängnistor hinter ihm schloß. Seitdem waren allerdings vierzehn Jahre vergangen. Und dann: Noch nie in meinem Leben hatte ich einen mir unbekannten Menschen in einer mir fremden Stadt gesucht.

Der Dünenweg liegt am nordwestlichen Stadtrand parallel zu einer stark befahrenen Straße und doch in ruhiger Wohnlage. Das gesuchte Haus ist ein dreigeschossiger Wohnblock mit zwei Eingängen, 1950 gebaut. Das verrät ein Messingschild an der Front des Hauses.

Die Haustür war verschlossen. Es gab fünf Klingeltaster. Vier davon waren beschriftet, das fünfte Schild war derart verblichen, daß ein Schriftzug nur noch zu ahnen war. An der Stelle, wo das sechste Klingelschild hätte sein sollen, ragten zwei Kabelenden aus der Wand.

Ich trat zurück auf den Gehweg, schaute die Fassade hoch, sah mir die Fenster an, ging dann nochmals an die Haustür. Zunächst probierte ich es am Klingelknopf ohne Kennzeichnung, aber nichts geschah. Nacheinander drückte ich die übrigen, aber erst beim letzten – ich hatte schon nicht mehr damit gerechnet – regte sich etwas. Der Türöffner machte ein Geräusch wie ein überlauter Rasierapparat. Ich stemmte mich gegen die Tür und gelangte ins Haus.

Unmittelbar hinter der Eingangstür registrierte ich fünf einfache Briefkästen aus braunlackiertem Blech. Den gesuchten Namen fand ich nicht.

Treppenstufen aus Terrazzo, an den Wänden gelbstichige Kacheln mit feinen Rissen, das Treppenhaus selbst so eng, daß zwei Erwachsene nicht aneinander vorbeigehen könnten, ohne sich zu berühren. Auffallend schmale Eingangstüren in satten Farben, braun, blau und grün lackiert. Unschwer war zu erkennen, daß sie eine dicke Farbschicht trugen.

Durch das Treppengeländer hindurch sah ich im ersten Stock eine ältere Frau in der Tür stehen. Als ich sie erreichte, hatte sie sich in ihren Flur zurückgezogen und gerade die Sicherungskette vorgelegt. Durch den verbleibenden Türspalt sah sie mich mißtrauisch an. Aus ihrer Wohnung schlug mir ein Geruch entgegen, der vermuten ließ, daß auf dem Herd Sauerkraut vor sich hin kochte.

Ich sagte »Guten Morgen«, nannte meinen Namen, entschuldigte mich, bei ihr geklingelt zu haben, erklärte, daß ich kein Vertreter sei und eigentlich nicht zu ihr wolle, sondern daß ich in einer persönlichen Angelegenheit einen Mann suche, der 1975 in diesem Haus gewohnt hatte. Ich nannte den Namen des Mannes:

Alfred Eder.

Sie schwieg.

Immerhin hörte sie mir zu und drückte nicht kurzerhand die Tür ins Schloß. Ich konnte mir gut vorstellen, daß diese Frau schon vor 1975 in diesem Haus gewohnt hatte und ihr der Name »Eder« durchaus ein Begriff war.

»Wissen Sie, wohin Herr Eder gezogen ist oder ...« – ich zögerte – »ob er überhaupt noch lebt?«

Sie schwieg weiter, und weder mit ihrem Gesichtsausdruck noch mit irgendeiner Gebärde ließ sie ahnen, was in ihr vorging.

»Herr Eder saß 1975 im Gefängnis«, fuhr ich fort, »aber er hatte hier noch einige Sachen untergestellt, unter anderem eine Familienbibel. Wissen Sie von diesen Sachen?«

Bibel – dieses Wort hatte möglicherweise ihre Zunge gelockert. Vorsicht ist geboten bei Fremden an der Haustür, aber einem Mensch, der sich für die Bibel interessierte, konnte man vielleicht einen Vertrauensvorschuß gewähren.

»Da müssen Sie den Hausmeister fragen«, brach es plötzlich aus ihr heraus, »aber der hat jetzt keine Sprechstunde. Erst morgen vormittag.«

Sie steckte den Kopf in den Türspalt und sprach ohne erkennbaren Grund sehr leise weiter: »Ja, hier wohnte mal einer, der kam dann ins Gefängnis, aber das ist lange her. Kann sein, das ist der, den Sie suchen.« – Dann schloß sie ohne ein weiteres Wort leise die Tür.

Nachdenklich stieg ich die Treppe hinunter, verwarf dabei den Gedanken, am Tag darauf wiederzukommen, um mit dem Hausmeister zu sprechen. Bevor ich auf die Straße trat, überflog ich noch einmal die Reihe der Briefkästen im Treppenhaus. Dabei fiel mein Blick auf einen Aushang der Wohnungsbaugenossenschaft, Eigentümer oder Verwalter dieses Gebäudes. Ich notierte mir Adresse und Telefonnummer.

Alfred Eder – so viel wußte ich aus seinen Unterlagen – war ein eifriger Kirchgänger gewesen, hatte regelmäßig an Bibelstunden teilgenommen und die Außenanlagen einer der Bergedorfer Kirchen gepflegt. Vielleicht würde ich dort etwas über ihn erfahren können.

10

St. Christophorus-Kirchengemeinde, Adventgemeinde Lohbrügge, St. Nikolai-Gemeinde – ich suchte sie nacheinander auf, hatte Glück, jeweils einen kompetenten Ansprechpartner zu finden, allerdings …

Eder … Eder … An einen Mann namens Eder konnte oder wollte sich niemand erinnern, und in den Computerlisten der Gemeindemitglieder fand sich ebenfalls kein Hinweis.

Von der S-Bahnstation aus rief ich schließlich die Wohnungsbaugenossenschaft an, wurde an den zuständigen Sachbearbeiter vermittelt und brachte mit wenigen Worten mein Anliegen vor.

»Eder?« – Einen Augenblick herrschte Schweigen in der Leitung, einen Augenblick zu lange, so kam es mir vor. Und dann polterte mein Gesprächspartner los: Wer ich sei, was ich wolle, ob ich ein berechtigtes Interesse hätte. Im übrigen gebe man keine Auskünfte. Telefonisch schon gar nicht. Datenschutz. Das sei mir doch wohl bekannt!

Ob er mir denn wenigstens sagen könne …

Er würde mir überhaupt nichts mehr sagen, fiel er mir ins Wort und legte dann auf.

Das Einwohnermeldeamt! schoß es mir durch den Kopf, als ich schon auf die S-Bahn wartete, die mich nach Hamburg zurückbringen sollte. Daß ich nicht gleich auf diese Idee gekommen war. Dort mußte er ja gemeldet gewesen sein, und dort würde man mir sagen können, wohin er verzogen sei. – Irrtum. Der Name Eder fand sich auch dort in keiner Kartei.

»Versuchen Sie es doch bitte im Einwohnerzentralamt am Hauptbahnhof.«

Das tat ich.

Im Eingangsbereich wimmelte es von Ausländern:

Schwarzafrikaner, Asiaten, Türken, auffallend viele Osteuropäer. Asylbewerber, wie ich den Hinweisschildern über den Türen entnehmen konnte. Menschen, die in Deutschland eine neue Heimat finden wollten. Menschen, die Vertrauen in dieses Land setzten. Menschen, die mit dem Glauben an eine bessere Zukunft darum kämpften, in Deutschland bleiben zu dürfen.

Familien mit Kleinkindern drängten sich in den Fluren, saßen wartend an gelbgekachelten Wänden oder in engen Bankreihen, standen oder saßen mit gelben oder weißen Formularen in der Hand, lasen oder schrieben darin. EG-Staaten, Asylberechtigte, Kontingentsflüchtlinge, Heimatlose, Ausländer, Staatenlose. Das las ich auf Hinweisschildern. Damit waren diese Menschen gemeint, die das Biberhaus bevölkerten.

Ich mußte an Isiaka R. denken, der nach einem Gottesdienst in der Justizvollzugsanstalt Neumünster zu mir gekommen war und mich äußerst erregt, beinahe aggressiv auf Englisch gefragt hatte: »Glauben Sie, daß jeder, der in diesem Gefängnis sitzt, schuldig ist?«

Was hätte ich ihm darauf antworten können? Behauptete nicht in der Tat ein Großteil der Inhaftierten, unschuldig zu sein? Und Isiaka R.? Ich kannte ihn nicht, weder seinen Namen, noch seine Geschichte. Ich versprach, ihn zu besuchen. Und dann erfuhr ich sein Schicksal: Seine Heimat war Nigeria. Er war Arzt, hatte in den Vereinigten Staaten studiert. Ein halbes Jahr zuvor waren seine Eltern und seine beiden Brüder auf offener Straße erschossen worden, von Verbrechern aus der Drogenszene. Sein Vater hatte als Richter zuvor Rauschgifthändler hinter Gitter gebracht. Dafür mußte seine Familie sterben. Isiaka R. war angeschossen und lebensgefährlich verletzt worden, hatte jedoch überlebt und dann das Land verlassen. Nach Deutschland wollte er, weil er sich in diesem Land, in dem Recht und Gesetz herrschen, sicher fühlte. Er kam nach Deutschland, und er mußte die bittere Erfahrung machen, daß das Bild, das er von diesem Land hatte, vorn und hinten nicht stimmte. Ausgerechnet ein Verdeckter Ermittler, ein Kripo-Mann, von dem er es am wenigsten erwartet hatte, hatte versucht, auf Isiaka R.'s Kosten einen Erfolg zu verbuchen, hatte ihn auf schäbige Weise reingelegt, aber einem Verdeckten Ermittler, der nicht einmal vor Gericht erscheinen muß, glauben Richter und Staatsanwälte mehr als einem Schwarzen, der behauptet, unschuldig zu sein.

Viel Ratlosigkeit, viel Ungewißheit stand in den Gesichtern der Menschen, die in diesem Haus die erste Hürde auf ihrem Weg durch den Dschungel der Bürokratie zu nehmen versuchten.

Ich hatte es da einfacher:

An der Gebührenkasse im ersten Stock bezahlte ich fünf Mark für ein grünes Formular.

Name des Gesuchten? Geburtsdatum? Letzte Anschrift?

Das Geburtsdatum wußte ich nicht, die übrigen Angaben trug ich ein, dazu meinen eigenen Namen, gab den Bogen im Zentralen Personenregister im zweiten Stock ab und wurde gebeten, draußen auf dem Gang zu warten. Ich saß noch gar nicht richtig, als die Tür aufsprang und ein junger Mann mir einen Notizzettel reichte:

Alfred Eder, Flensburger Straße 23.

Ich konnte es zunächst gar nicht fassen. Er lebte, und ich wußte, wo er zu finden war.

Doch dann mischten sich ganz andere Gedanken in die erste Freude über meinen Erfolg: Datenschutz? Fünf Mark hatte ich bezahlt, aber niemand hatte mich nach meinen Absichten gefragt geschweige denn meinen Ausweis sehen wollen und meine persönlichen Angaben auf dem Suchformular überprüft.

Ein kurzer Blick auf den Stadtplan und die Streckenübersicht der U- und S-Bahnen. Vom Hauptbahnhof aus sind es nur wenige Stationen bis zur Flensburger Straße im Stadtteil Barmbek.

Das gesuchte Haus liegt in unmittelbarer Nähe einer U-Bahn-Station. Ein grauverputztes, dreigeschossiges Zeilenhaus. Von der Fassade blätterte der Putz in tellergroßen Fladen. Die Scheiben einer Erdgeschoßwohnung waren eingeschlagen. Nur in wenigen Fenstern gab es Gardinen. Die Haustür des Eingangs Nummer 23 stand offen und hing schief in den Angeln.

»Zu spät«, dachte ich. »Ausgeflogen der Vogel Eder.« Dieser Eindruck verstärkte sich noch nach einem flüchtigen Blick in das Treppenhaus. Hinter der Eingangstür lag ein Haufen Bauschutt. Zwei der neun Briefkästen waren aufgebrochen. Es roch muffig.

Das Haus wirkte unbewohnt. Aber immerhin war ich einen entscheidenden Schritt weitergekommen. Ich hatte die Spur des Alfred Eder gefunden und war ihm auf den Fersen; denn sowohl neben einem der Klingelknöpfe als auch an einem der intakten Briefkästen fand ich seinen Namen: A. Eder.

Ich trat zurück auf den Gehweg, ging ein Stück die Straße hinunter. Seit Stunden war ich unterwegs, hatte nichts gegessen und nichts getrunken außer einer Tasse Kaffee gleich nach der Ankunft im Bahnhof

Altona. Jetzt, beinahe am Ziel, meldete sich der leere Magen.

Ich aß einen Apfel, ging langsam weiter, versuchte einen Eindruck zu gewinnen von der Umgebung, in der Alfred Eder jetzt wohnte oder zuletzt gewohnt hatte.

Ein kleiner Mann mit mürrischem Gesichtsausdruck kam mir entgegen. Am linken Unterarm trug er eine Blindenbinde über dem schwarzen Sakko, am linken Revers einen gelben Button mit drei schwarzen Punkten. Er ging aufrecht und mit der Blinden eigenen Steifheit, schwenkte dabei einen weißen Handstock vor sich hin über den Bürgersteig.

Meister Eder, dachte ich so bei mir und ging noch ein Stück weiter, ohne mich nach dem Mann umzudrehen. Ich warf den Apfelrest zwischen die Sträucher auf der schmalen Rabatte zwischen den einzelnen Hauseingängen und kehrte dann um. Flensburger Straße 23. Ich spürte, wie die Spannung in mir wuchs.

Die elektrische Klingel schien nicht zu funktionieren. Also hinauf in den ersten Stock. Auch unter dem Türspion ein Schild mit dem Namen des Menschen, den ich suchte. Zaghaft drehte ich an der Klingel, wartete. – Nichts.

Ich drehte noch einmal, heftiger. – Keine Reaktion. Ich drehte ein drittes Mal und klopfte zusätzlich. Dann hörte ich Schritte.

15

»Wer sind Sie, was wollen Sie?«

Die rauhe, sehr laute Stimme des Mannes in der halb geöffneten Tür hatte einen aggressiven Unterton. Es war der Blinde, dem ich wenige Minuten zuvor auf der Straße begegnet war.

Eine gehörige Portion Enttäuschung trübte in diesem Augenblick die Freude, dem Gesuchten tatsächlich gegenüberzustehen. Ich hatte ihn mir ganz anders vorgestellt. Wie, das hätte ich nicht sagen können. Jedenfalls hatte ich keinen Invaliden erwartet, keinen Blinden, der überdies sehr krank aussah.

Ich nannte meinen Namen, fragte ihn, ob er Alfred Eder sei und einen Augenblick Zeit für mich hätte. Er legte die rechte Hand ans Ohr, so als wolle er die Ohrmuschel vergrößern, beugte sich vor, wiederholte, wobei er wieder sehr laut wurde:

»Wer sind Sie, was wollen Sie von mir?«

Bevor ich antworten konnte, hatte er die Tür bis auf einen kleinen Spalt geschlossen, legte die Sicherungskette vor und schlurfte in den hinteren Teil der Wohnung. Er kam jedoch sofort zurück.

»Mein Hörgerät«, entschuldigte er sich und sprach jetzt in normaler Lautstärke. »Ohne mein Hörgerät kann ich praktisch nichts mehr hören. Da muß ich beinahe schreien, sonst höre ich nicht einmal die eigene Stimme. Also … sagen Sie mir noch einmal, was Sie von mir wollen.«

Er trug eine Brille mit Gläsern, die mindestens einen halben Zentimeter dick waren und hatte sich seit Tagen nicht rasiert. Während ich redete, war er damit beschäftigt, den rechten Hörer, der ihm immer wieder aus dem Ohr rutschte, an seinem Platz zu halten. Mit der anderen Hand fummelte er unentwegt am Hörgerät herum, wohl um die Lautstärke auf einen geeigneten Pegel zu bringen. Dabei ließ er mich nicht aus den Augen.

Ich kam auf seinen Brief zu sprechen, den er vor Jahren aus dem Gefängnis Fuhlsbüttel an eine Frau in der Kirchengemeinde Eidelstedt geschrieben hatte, nannte den Namen der Frau, aber er wußte nicht, wovon ich sprach.

»Ich habe viele Briefe geschrieben in meinem Leben«, entschuldigte er sich. »Viele Briefe, glauben Sie mir. Wann, sagen Sie, soll das gewesen sein?«

Nach wie vor standen wir uns in seiner Wohnungstür gegenüber.

Dann kam mir beinahe beiläufig das Wort »Oradour« über die Lippen, und diese sieben Buchstaben veränderten die Situation im Treppenhaus von einer Sekunde zur anderen. Oradour, das war wie eine Parole, wie ein Erkennungszeichen unter Freunden. Ein Wort, das offensichtlich Vertrauen schaffte.

»Kommen Sie, kommen Sie!« – Er hatte es plötzlich eilig, die Tür zu schließen. Durch den engen Flur tastete er sich mit dem Handstock ins Wohnzimmer, wo er mir einen Sessel anbot.

»Gelobt sei Jesus Christus«, sagte er und setzte sich dann wie jemand, dem jede normale Bewegung Schmerzen verursacht, beinahe wie in Zeitlupe mir gegenüber. Kein Zweifel, dieser Mann, der da schwer atmend vor mir saß, war von Krankheit gezeichnet.

Er legte die Handflächen gegeneinander, hob die Hände vor das Gesicht, schloß die Augen und betete laut:

»Ich danke dir, mein Herrgott, daß Du diesen Menschen zu mir geführt hast ...«

Dann weinte er, weinte still vor sich hin. »Oradour ... mein Gott, wenn ich auf das Thema zu sprechen komme ...«

Das kleine, auf die stark befahrene Flensburger Straße hinausgehende Zimmer war spärlich möbliert:

Sofa, Couchtisch, doppeltüriger kleiner Schrank mit Vitrine, zwei Cocktailsessel. An der Wand zum Schlafzimmer in Holz geschnitzt die »Betenden Hände« von Dürer und ein Zinnrelief, das Jesus mit den Jüngern beim Abendmahl zeigt.

Die Möbel hätte ihm die Heilsarmee besorgt, erklärte er mir ... vor zwei Jahren, nachdem ein Freund ihm während seiner Abwesenheit die Wohnung in Brand gesetzt hatte.

»Sie haben Glück gehabt, daß Sie mich angetroffen haben.« Er lächelte verschmitzt. »Ich wollte zum Postamt und Geld abheben, aber unterwegs merkte ich, daß ich meine Ausweiskarte vergessen hatte. Deshalb mußte ich noch mal zurück. Sonst hätten Sie Pech gehabt.« Er griff nach meiner Hand. »Aber so ist es besser. Ich bin überzeugt, da hat der Herrgott die Finger dazwischen gehabt. – Möchten Sie einen Schluck Kaffee?«

»Ja, gerne.«

»Zucker, Milch?«

»Nur Milch, bitte.«

Von der Fensterbank reichte er mir eine Tasse, die aussah, als sei sie seit Wochen nicht abgewaschen worden. Aus einer Thermoskanne schenkte er mir ein.

Eine Krankenschwester, Türkin, eine ganz liebe Frau übrigens, die auf dem Flur gegenüber wohne, koche einmal am Tag für ihn und stelle ihm jeden Morgen eine Kanne Kaffee hin. Sie mache auch seine Wäsche. Das Sozialamt bezahle sie dafür. Er selbst lebe von Sozialhilfe und einer Rente, die ihm das Versorgungsamt zahle für Schäden, die er während des Krieges erlitten hätte. Damit käme er zurecht. Hundert Prozent behindert sei er. Taub. Auf einem Auge blind, auf dem anderen noch 14 Prozent Sehkraft, aber mit seiner Spezialbrille – sie sah aus, als hätte man das rechte Brillenglas noch durch ein kleines Fernglas ergänzt – könne er noch ganz gut lesen. Er sei auf ständige Hilfe und Begleitung angewiesen. Aber in ein Heim gehen, mit sechs, acht Mann in einem Zimmer, … niemals.

Ich mußte mich überwinden, die Tasse mit den angetrockneten Kaffeeresten an die Lippen zu setzen. Und der Kaffee: Lauwarm, stark gesüßt und allenfalls mit einem Spritzer Kondensmilch oder Kaffeesahne versetzt. Kaffee, wie ich ihn gerade nicht mag.

Alfred Eder trank keinen Kaffee. Er wirkte ungepflegt. Das vergilbte Nylonhemd trug Ränder an Kragen und Manschetten, die helle Hose war fleckig. Die unaufgeräumte, schmuddelige Wohnung roch, als sei sie lange nicht gelüftet worden. Und doch fühlte ich mich nicht unwohl in seiner Gegenwart. Hier saß ein Mensch vor mir, der um sein Leben betrogen worden war, ein Mensch, der mehr als ein Drittel seines Lebens hinter Gittern und Stacheldraht verbracht hatte, davon viele Jahre unschuldig. Einerseits ein kleiner Ganove, andererseits ein Hiob unserer Tage, ein gebrochener und zugleich von Gott getragener Mensch.

Körperlich sei er ein Wrack, sagte er, aber im Kopf, da sei er noch fit.

»Den haben sie mir im Knast nicht kaputtgemacht«, erklärte er und wurde dabei wieder lauter. »Weder in Torgau und Butzbach noch in Fuhlsbüttel, und auch nicht in Dachau, Bergen-Belsen oder wo ich sonst noch überall war. Gelobt sei Jesus Christus. Also, ob Sie nun von den Grünen kommen oder von der Kirche, egal, fragen Sie, fragen Sie, was Sie wollen, ich sage Ihnen ehrlich alles so, wie es ist …«

Kapitel 2

An jenem Nachmittag fand ich bestätigt, was ich nach der Lektüre seines Briefes empfunden hatte: Dieser Mann war ein wichtiger Zeitzeuge des wohl dunkelsten Kapitels der deutschen Geschichte, vielleicht einer der letzten, die bereit waren, darüber zu sprechen. Und ich ahnte: Hinter seinem Schicksal verbarg sich ein Glaubenszeugnis, wie es mir bisher noch nie begegnet war.

Aber Alfred Eder war ein durch und durch kranker Mann. Ich durfte keine Zeit verlieren, wenn ich noch etwas von ihm erfahren wollte.

Er erzählte mir, daß er seine Lebensgeschichte aufgeschrieben und an einen der großen deutschen Verlage geschickt hatte. Der Verlag war sehr interessiert gewesen an seinem fast fünfhundertseitigen Manuskript. Von 60 000 Mark einmaligem Honorar war die Rede. Kein schlechtes Angebot für einen Menschen, der sich sein Leben lang nur das Notwendigste leisten konnte. Allerdings sollte er in seinem Manuskript die Namen der Menschen ändern, die ihm das Leben schwer gemacht hatten.

Genau das wollte er nicht. Er hieße nicht Michel Leisetreter, sondern Alfred Eder. Er habe das Recht, Unrecht als Unrecht zu bezeichnen und die Schuldigen beim Namen zu nennen.

Ich wußte, ich würde wiederkommen, und das bald. Dieser Mensch durfte nicht mit ins Grab nehmen, was er noch zu sagen hatte.

Bevor ich ging, versprach er, mir einige Schriftstücke

zu schicken, aus seiner und fremder Feder, wie er sich ausdrückte. Dann würden wir weitersehen.

Ich war gespannt.

Vierzehn Tage vergingen, drei Wochen, vier. Dann erinnerte ich ihn mit einem Brief an sein Versprechen, aber er reagierte nicht. Ich fuhr erneut nach Hamburg. Vergeblich.

Erst acht Monate später gelang es mir, die Spur wieder aufzunehmen. Gerade einen Tag, nachdem er aus der Universitätsklinik entlassen worden war, traf ich ihn wieder an. Wenige Tage nach unserer ersten Begegnung war er in ein Auto gelaufen und schwer verletzt worden. Wochenlang hatte sein Leben an einem schon angerissenen Faden gehangen, doch wieder einmal war es ihm gelungen, dem Tod von der Schippe zu springen, wie er sich ausdrückte.

In den nächsten Tagen würde er ein Telefon bekommen. Dann sei es einfacher, in Verbindung zu bleiben.

Wir verabredeten einen Tag, an dem ich erneut zu ihm kommen wollte, mit einem Katalog von Fragen und einem Tonbandgerät. Aber es kam wiederum anders als geplant. Fast schon unterwegs zu ihm, ging das Telefon. Der Aufsichtsbeamte des Bahnhofes Neumünster war am Apparat und berichtete von einem Blinden aus Hamburg, der zu mir wolle. Ob ich ihn abholen könne.

Zehn Minuten später traf ich am Bahnhof ein, doch Alfred Eder war nicht zu sehen. Nach kurzem Überlegen wußte ich, wo ich ihn finden würde: In der »Tunnelschänke«, der Bahnhofskneipe.

Er lehnte am Tresen, vor sich eine Tasse Kaffee. Als er mich in der Tür entdeckte, schmunzelte er. Offensichtlich freute er sich, mich mit seinem unerwarteten Auftauchen überrascht zu haben.

»Gelobt sei Jesus Christus.« Seine tiefe, rauhe Stimme ließ die übrigen Gäste erschreckt und zugleich erstaunt zusammenfahren. Dieser Mann nahm kein Blatt vor den Mund und keine falsche Rücksicht.

»Gelobt sei Jesus Christus, Bruder Kruse.« Er umarmte mich unter den neugierigen Blicken der anderen.

»Wollen Sie auch einen Kaffee?«

Ich verneinte.

Er warf einen Blick in die Kaffeetasse und hakte mich ein.

»Aber nun fahren wir erst mal zu Ihnen.«

Etwa drei Stunden lang erzählte er Einzelheiten aus einem Leben, das – wie er es ausdrückte – er seinem ärgsten Feind nicht wünsche.

»Vor dem Tod«, sagte er abschließend, » ... vor dem Tod hab ich keine Angst. Aber ... noch mal geboren werden und das alles noch einmal mitmachen müssen, da hätt' ich furchtbare Angst. – Und jetzt will ich nach Hause.«

Es war ihm anzusehen, welche Kraft es ihn gekostet hatte, all die Erinnerungen zuzulassen und auszuhalten, die in ihm aufgestiegen waren. Aus müden Augen sah er mich an.

»Wissen Sie was? Ich nehm' das nicht mit ins Grab.« Damit meinte er all jene Unterlagen, die sein Leben betrafen: Briefe, Dokumente, Gerichtsakten, Fotos, Artikel aus Zeitungen und Zeitschriften.

»Ich überlasse Ihnen das alles. Machen Sie damit, was Sie wollen. Ich gebe Ihnen grünes Licht, es zu veröffentlichen, ganz so, wie Sie das für gut und richtig halten. Ich nehm' das nicht mit ins Grab«, wiederholte er. »Da nützt es keinem.«

Ich brachte ihn zurück nach Hamburg, zum einen, weil er gar nicht allein reisen durfte und es geschehen konnte, daß der Schaffner ihn, wie schon geschehen, beim nächsten Zughalt an die Luft setzte, zum anderen, um das angebotene Material gleich mitzunehmen. Wer weiß, er konnte morgen sterben oder wieder überfahren werden ... Außerdem brannte ich darauf, dieses in Aussicht gestellte Original-Material in die Hände zu bekommen. Ich ahnte jedoch nicht, was da auf mich zukommen würde: Zwei Koffer und ein Rucksack voll von Papier.

Es ist mir heute noch ein Rätsel, wie es mir gelungen ist, das dokumentierte Leben des Alfred Eder mit S- und U-Bahn, Zug und Taxi nach Hause zu schaffen.

In dieser Nacht konnte ich keinen Schlaf finden. Ich machte mich an das mir anvertraute Material, sichtete es grob, suchte zunächst nach einer Kopie des Manuskriptes, das Alfred Eder erwähnt hatte, fand jedoch keines.

Tags darauf rief ich ihn an und erfuhr: Es gab keine Kopie oder Durchschrift. Unerfahren im Umgang mit Verlagen, hatte er das einzige Exemplar seiner Lebens- und Leidensgeschichte aus der Hand gegeben. Und noch etwas vertraute er mir in diesem Gespräch an:

Er hatte erneut Kontakt mit dem Verlag aufgenommen und das Manuskript zurückgefordert. Dort gab es jedoch kein Manuskript mehr. Zunächst wußte niemand, wovon er überhaupt sprach, aber dann erinnerte sich doch jemand an dieses Projekt und wußte, daß die Justizbehörde davon erfahren und das Manuskript angefordert hatte.

Also hatte er sich auf den Weg ins Gericht gemacht. Auch dort wollte zunächst niemand etwas von seinem Manuskript wissen. Schließlich erfuhr er, die Unterlagen seien bedauerlicherweise auf dem Dienstweg verlorengegangen.

Seiner Stimme war anzuhören, wie die Wut in ihm hochstieg. Ich konnte ihn gut verstehen. Es gab also noch immer Menschen, die den roten Faden weiterspannen, der sich durch das Leben dieses Mannes zog.

Mir blieb also nichts anderes übrig, als mich durch seine Unterlagen zu arbeiten, und das hieß zunächst einmal: Sortieren; denn bis auf vier Schnellhefter und zwei Leitz-Ordner, in denen er Unterlagen aus den 60er Jahren chronologisch abgeheftet hatte, war bei seinem letzten Umzug von Flensburger Straße 19 nach 23 so ziemlich alles durcheinandergeraten.

Kapitel 3

»Ich heiße Alfred August Eder und bin am achtzehnten März 1918 in Warnen im ehemaligen Ostpreußen, Romintener Heide geboren. Meine Eltern waren arme Leute. Der Vater hat als Knecht beim Bauern gearbeitet. 1926 sind wir umgezogen nach Gumbinnen, das heißt heute Gussow und ist russisches Hoheitsgebiet.

Ich hatte noch eine Zwillingsschwester, die hieß Lotti, und zwei ältere, Minna und Ida. Der Vater war Analphabet, aber das bedeutete auf dem Lande nicht viel. Groß und stark sein und die Uhr nicht kennen, das war es, was zählte. Die Mutter aber konnte lesen und schreiben.

Meine Eltern waren strenggläubig. Sie erzogen auch uns Kinder im christlichen Glauben und hielten uns stets zum Gebet an. Sonntag für Sonntag, sobald das Vieh versorgt war, hielt die Mutter eine Andacht und las aus der Familienbibel vor. Sie kannte sich gut aus in der Bibel, und weil der Weg ins nächste Kirchspieldorf recht weit und besonders im Winter sehr beschwerlich war, hatte sie sozusagen die Rolle des Pastors übernommen.

Niemals schnitt die Mutter ein Brot an, bevor sie nicht mit dem Messer ein Kreuz darüber gezogen hatte. Und eher wäre bei ihr die Welt untergegangen, als daß es jemand von uns gewagt hätte, ohne gemeinsames Tischgebet – *Komm, Herr Jesus, sei unser Gast …* – zum Klunkersupp-Löffel zu greifen.

Wenn die Eltern vom Feld kamen und wir hatten wieder etwas angestellt, 'ne Scheibe eingeworfen oder sonst etwas getan, was wir nicht durften, dann nahm die Mutter die Bibel, die immer griffbereit lag, schlug die Seite mit dem Bild des Teufels und der Hölle auf, sah uns mit ernstem Blick in die Augen und sagte: ›Ihr kommt in die Hölle.‹

Hatten wir uns dann ausgeweint, gab sie uns irgendetwas zu tun, wo wir uns *bewähren* konnten. Und dann nahm sie uns wieder beiseite, schlug die Bibel an anderer Stelle auf und zeigte uns ein Bild mit Engeln. ›Ihr seid doch gute Menschen‹, sagte sie dann und fügte hinzu: ›Ihr kommt ganz bestimmt in den Himmel.‹

Nicht nur zu uns Kindern war sie, was den Glauben angeht, mehr als streng. Ich erinnere mich an einen Vorfall aus meiner Arbeitsdienstzeit: Während des Urlaubs hatte ich einen Kameraden mitgebracht, der nicht wußte wohin. Er war in einem Waisenhaus aufgewachsen und hatte sonst kein Zuhause. Meine Eltern und Schwestern nahmen ihn herzlich auf, aber als es dann zu Tisch ging und er sofort zum Suppenlöffel griff, da fuhr meine Mutter ihn an, daß es nur so krachte.

Der Glaube wurde mir also sozusagen mit der Muttermilch eingegeben. Die Wurzeln liegen jedoch sehr viel tiefer: Meine Vorfahren väter- und mütterlicherseits stammen aus Österreich. Sie gehörten zu jenen Menschen, die vor mehr als zwei Jahrhunderten nach den großen Glaubenskriegen Haus und Hof verließen und Ostpreußen und Pommern besiedelten. Ich erinnere mich noch gut an die 200-Jahr-Feier im Juni 1932 in der ostpreußischen Kreis- und Regierungsstadt Gumbinnen:

Nun schwing' dich auf, mein Herz, zum Preise
des, der dir diesen Tag gemacht,
des großen Gottes, der nach väterlicher Weise

sein Volk zu Freiheit, Recht und Licht gebracht!
Schwer war das Joch, das unsern Vätern
Roms harte Faust auf's Herz gelegt,
da Martin Luthers Söhnen, glaubensfrohen Betern,
zu glauben und zu beten ward verwehrt,
wie Bibel und Gewissen sie gelehrt ...

Auch meinen Großeltern war es vergönnt, dabeizusein. Es war ein Ereignis, das ich nie und nimmer vergessen werde. Aus den entlegensten Winkeln der Romintener Heide, aus Masuren und der Elchniederung, aus Pommern, ja selbst aus dem Baltikum waren die Menschen gekommen, mit dem Planwagen oder im Landauer, nicht wenige sogar zu Fuß. Straßen, Häuser, das kleinste Fenster: Alles war festlich geschmückt. Hoch zu Roß konnte man alte Haudegen mit schneeweißem Haar sehen, die bereits den Krieg 1870/71 mitgemacht hatten. Andere trugen ein langes, weißes Schneehemd mit aufgenähtem Christuskreuz in Schwarz, in der Faust einen Degen. In einem Musikzug zogen große Hunde die Pauken, und diese Hunde marschierten – ich traute meinen Augen nicht – exakt im Gleichschritt. So etwas hatte ich mein Lebtag nicht gesehen. Vor allem aber diese vielen einfachen, arbeitsamen und gottesfürchtigen Menschen ... Damals, während dieses Umzugs, sah ich den Opa das erste Mal weinen.

Mit sechs Jahren wurde ich in die Landvolksschule eingeschult. Landvolksschule, das hieß: Acht Bänke in einem Raum mit zwei kleinen Fenstern, erhöht stehender Tisch und Stuhl, Wandtafel, Kachelofen, etwa zwanzig Kinder, Jungen und Mädchen. Acht Bänke, acht Klassen. Sitzenbleiben gab es nicht.

Unser Lehrer hieß Braun. Er war schon 1871 als Feldwebel gegen Frankreich gezogen und hatte von 1914 bis 1918 unter dem Kaiser Wilhelm als Fähnrich gedient.

Vor jedem Unterricht, der um acht Uhr begann und bis elf Uhr dauerte, las Lehrer Braun eines der Zehn Gebote vor.

Die einen hatten dann Gesang, die anderen mußten rechnen ... Es war jeden Tag ein heilloses Durcheinander.

Unser Schulbuch bestand je zur Hälfte aus Lesestoff und Rechenaufgaben. Es galt für alle acht Klassen.

Als ich mit vierzehn Jahren konfirmiert und aus der Schule entlassen wurde, konnte ich nicht viel mehr als meinen Namen schreiben.

Ich wollte Förster werden. Wir wohnten nämlich in der Nähe der Oberförsterei, und als Kind sah ich den Oberforstmeister oft mit den Auszubildenden aus dem Wald kommen, stolz das Gewehr geschultert.

›Na, mien Jung, wat willst du mool waren?‹ fragte er mich eines Tages. Bei uns wurde nur Ostpreußisch-Platt gesprochen.

›Ich ... ich will Förster werden ...‹ stotterte ich. Da lachte er und winkte ab. Dazu sei ich zu dämlich.

Ich wurde wild und rannte nach Hause, heulte dem Vater was vor: ›Der Oberförster hat gesagt ...‹

›Da hat er recht gehabt‹, sagte der Vater. ›Dazu bist du auch zu dämlich.‹

So wurde ich dann Schäfer.

Mittlerweile waren die Nationalsozialisten an der Macht. Hitler: Ich habe den Mann gern gehabt, jedenfalls zu Anfang. Der Vater trat in die SA ein, kriegte gleich 'ne bessere Arbeit, und ich ging in die HJ. Aber dann, als Hitler mit seinen Versprechungen das Volk für sich gewonnen hatte, da war's aus. Wer da den Mund zu weit aufmachte, der wurde gleich abgeholt.

1938 mußte ich zum Arbeitsdienst. Das Schlechteste war das nicht. Einmal gab's da gutes Essen, und dann: Wir wurden da zum Gehorsam erzogen. Außerdem waren alle jungen Leute von der Straße weg. Und schließlich gab es fünfundzwanzig Pfennige pro Tag. Das war nicht viel, und doch konnten wir damals allerhand kaufen dafür.

1939 kam ich dann zum Kommiß.«

Kapitel 4

Luftwaffenausbildungsregiment 10 in Neukuhren, Seeflughafen Pillau, Königsberg: Alfred Eder war ein guter Soldat, hart im Nehmen, zäh, durchtrainiert und körperlich belastbar.

Drill, sich unterordnen, Befehl und Gehorsam, damit kam er zurecht. Er war unter einfachsten Verhältnissen auf dem Land aufgewachsen und anspruchslos. Deshalb fiel es ihm nicht schwer, sich an die veränderten Lebensumstände zu gewöhnen. Ganz anders ging es da vielen seiner Kameraden, die in Großstädten aufgewachsen waren.

Bevor er nach Rußland in den Krieg mußte, gab es noch zwei Wochen Heimaturlaub. Zu diesem Zeitpunkt war er bereits Obergefreiter und trug stolz den sogenannten Hoffnungsbalken auf den Schulterklappen, der ihn als Unteroffiziersanwärter auszeichnete. Zu einer Beförderung kam es allerdings nicht mehr; denn es stellte sich heraus, daß sein Vater Halbjude war.

Es wurde ein tränenreicher Abschied, als er an die Front mußte. Großeltern, Eltern, Schwestern, alle weinten sie. Selbst sein Vater, den er in seinem Leben nur ein einziges Mal hatte weinen sehen, konnte die Tränen nicht zurückhalten.

Sie beteten für ihn, legten ihm segnend die Hände auf, und seine Mutter gab ihm folgende Worte mit auf den Weg:

»Tu kein Unrecht, mein Kind! Denk immer daran: Der liebe Gott weiß alles und sieht alles, was es auch sein möge. Und das Leben währet nur kurze Zeit, die Höll' aber ewig. Denk an das Höllenbild in unserer Bibel. Denk immer daran, mein Kind. Tu kein Unrecht, was auch geschehen mag. Ich werde stets für dich beten. – So, mein einziger Sohn , nun geh' in Gottes Namen. Er möge dich behüten auf allen deinen Wegen, mein Jungchen.«

Alfred Eder blieb ein guter Soldat, bekam das Eiserne Kreuz Zweiter Klasse verliehen, trug das Verwundetenabzeichen. Im zweiten Kriegsjahr jedoch geriet er in einen schweren Konflikt: Vor einem Appell stellte er fest, daß Kameraden ihm eine Decke gestohlen hatten, jene Marschdecke, die über den Tornister geschnallt wurde. Schon das Fehlen eines Stiftes in den genagelten Stiefeln wurde hart bestraft. Er konnte sich ausmalen, welche Strafe ihn erwartete. Um ungeschoren davonzukommen, nahm er sich kurzerhand eine Decke aus dem Bestand der Kammer, die er verwaltete. Irgend jemand mußte ihn jedoch verpfiffen haben.

Für diesen *Diebstahl* stand er am 4. März 1941 vor einem Feldkriegsgericht. Er wurde mit 6 Wochen Arrest bestraft und anschließend in eine Bewährungseinheit versetzt.

Kapitel 5

»Ich gehörte zur Luftwaffenfelddivision unter dem Befehl des General Meindl. Ende 1941 war ich im Bereich des Ilmensees eingesetzt. Es war ein sehr strenger Winter. Zweiundfünfzig bis fünfundfünfzig Grad Kälte. Kein Holz, kein Torf, keine Winterkleidung. Stattdessen ließ der ›Führer‹ *Gefrierfleischorden* verteilen. Die Winterkleidung kam dann im darauffolgenden Sommer, aber da war ich nicht mehr an der Ostfront, weil ich Ende 1941 bei Staraja Rusa durch Granatsplitter und einen Steckschuß so schwer verwundet worden war, daß ich vom Hauptverbandsplatz mit einer JU 52 ausgeflogen werden mußte. Mit Oberschenkel- und Bauchverletzungen kam ich in ein Reserve-Lazarett nach Bialystok in Polen. Sobald ich bahntransportfähig war, verlegte man mich zur Genesenden-Kompanie nach Frankreich.

Ein Teil des Magens hatte entfernt werden müssen. Dazu die schwere Oberschenkelverletzung: Ich war nicht mehr ›kv‹, sondern als ›kvH‹ eingestuft worden: kriegsverwendungsfähig Heimat. Heimat, dazu zählten mittlerweile auch die von Deutschland besetzten Gebiete.

Die Genesenden-Kompanie, der ich jetzt angehörte, war zugleich Ersatztruppenteil. Als Soldaten dieser Einheit wurden wir zunächst nur für Sanitätshilfsdienste sowie zur Überwachung und Sicherung militärischer Anlagen eingesetzt. Immer häufiger jedoch geschah es, daß wir zu Einsatzkommandos abkommandiert wurden, und zwar besonders jene Soldaten, die wie ich Fronterfahrung hatten. Fliegende Feuerwehr, so nannten die Landser diese Kommandos.

Bei solchen Einsätzen erfuhren wir in keinem Fall vorher, wohin es ging und was auf uns zukam. Nur daß es um *Partisanen und Flintenweiber* ging, ließ man uns wissen.

Wir wurden abkommandiert, und damit fertig. Der Soldat hatte zu gehorchen und nicht zu fragen und schon gar nicht zu denken. Denken – dafür waren andere zuständig.

Erst nach Beendigung des Einsatzes konnte sich dann jeder im stillen und unauffällig seine Gedanken machen über das Geschehen. Im stillen, wie gesagt; denn damals waren nicht nur laute Gedanken strafbar, sondern auch solche, die man vom Gesicht ablesen konnte.

Ich erinnere mich an einen Einsatz in einem Wald bei Lisieux: Unbewaffnete Zivilisten. Partisanen, hieß es. Sie beteuerten, unschuldig zu sein und flehten händeringend, freigelassen zu werden. Aber man band ihnen die Hände auf dem Rücken zusammen, und bevor ich begriff, was dort eigentlich vorging, hatte man sie mit Salven aus Maschinenpistolen niedergemetzelt.

Auf dem Vormarsch gegen Rußland hatte ich schon Grauenvolles erlebt und gesehen. Auch dort war man nicht zimperlich gewesen gegenüber der Zivilbevölkerung, hatte ganze Dörfer niedergebrannt. Bis zu einem gewissen Grad war ich also abgehärtet und abgestumpft, was leidende Bevölkerung, Blut und Tränen, tote Kameraden, zerfetzte Leiber betraf. Aber wehrlose, wahrscheinlich unschuldige Menschen mit schadenfrohem Lachen im Gesicht abknallen oder an den nächstbesten Baum hängen ... ?

Nach solchen Einsätzen lag ich nächtelang wach oder schreckte aus furchtbaren Träumen hoch: Ich sah Menschen an dicken Ästen baumeln. Mit gebrochenen Augen starrten sie mich traurig an. Nicht vorwurfsvoll, nein, traurig ... und manchmal sah es so aus, als lebten sie noch.

Andere wieder streckten die Zunge nach mir heraus. Eine bildhübsche junge Frau, die man gehenkt hatte, zeigte im Traum mit dem Finger auf mich.

Diese furchtbaren Bilder wurde ich einfach nicht los.

Dann kam der 10. Juni 1944, einer der dunkelsten Tage meines Lebens. Was an jenem Tag geschah, werde ich niemals vergessen können, niemals! Es übertraf alles, was ich bis dahin an Entsetzlichem erlebt hatte, und ich verstehe heute als alter Mann noch immer nicht, weshalb das geschehen mußte. Ich habe mir fest vorgenommen, Gott zu fragen, wenn ich denn eines Tages vor ihm stehe und Rechenschaft über mein Leben ablegen muß. Ich werde ihn fragen, warum er das zugelassen hat:

Aus unserer Einheit wurde wieder einmal ein Kommando fronterfahrener Soldaten zusammengestellt, etwa vierzig Mann. Feldmarschmäßig ausgerüstet wurden wir auf die rot-weiß-gestrichenen Lastwagen der Kraftfahrkolonne Speer verladen. Wiederum hatten wir nicht die geringste Ahnung, wohin es gehen sollte. Ein SS-Offizier in einem offenen Mercedes-Wagen begleitete uns.

Am frühen Nachmittag erreichten wir das Dorf Oradour. Es brannte an verschiedenen Stellen. Scheunen, Häuser, Gehöfte. Ich hörte Menschen schreien, hörte Gewehrschüsse und Salven aus Maschinenpistolen, das trockene Knistern der Flammen und den scharfen Knall detonierender Handgranaten.

Wir fuhren an Gaslaternen vorüber, wie ich sie aus den Städten meiner Heimat Ostpreußen kannte, und an diesen Laternen hatte man Männer aufgehängt.

Da ahnte ich Böses!

Wir hielten genau an der Kirche. Nach einer kurzen Lagebesprechung zwischen dem SS-Offizier und einigen Gruppenführern erfuhren wir, daß es diesmal nicht darum ging, einen Wald zu durchkämmen und Partisanen aufzustöbern. Wir hörten bruchstückhaft etwas von einem deutschen Offizier, der von Mitgliedern der französischen Widerstandsbewegung heimtückisch erschossen worden wäre.

Dann kam der Einsatzbefehl: Zunächst alles, was zu sehen ist und aufgetrieben wird, auf einem Haufen sammeln. Was fortläuft oder sich zur Wehr setzt, auf der Stelle erschießen!

Ich mußte mit in die Kirche rein. Dort hatte man Frauen, Kinder und alte Männer zusammengetrieben. Oder sie hatten dort Zuflucht gesucht. Unser Befehl lautete, sie allesamt zu erschießen.

Soldaten verschiedener Einheiten hatten schon mit dem Gemetzel begonnen. Ich wurde Zeuge, wie ein Soldat einer Mutter einen Säugling aus den Armen riß und gegen die Wand warf. Ich sah, wie die kleine Hirnmasse an der Steinwand herunterlief.

Andere Soldaten warfen Säuglinge auf den Fußboden und zertraten ihnen vor den Augen der Mütter mit den genagelten Absätzen ihrer Knobelbecher die Köpfe. Den Frauen stießen sie Seitengewehre in die Brüste und Schwangeren in den Bauch, erschlugen sie mit dem Gewehrkolben oder schossen aus der Hüfte auf sie.

Und dann kam unser *Spieß*, Hauptfeldwebel Wandewitz, auf mich zu und brüllte mich an, ich sollte schießen.

Aber ich, ich konnte nicht. Ich war wie gelähmt. Ich konnte nicht einmal antworten.

Was ging hier vor, hier, in dieser Kirche? Waren das meine Landsleute, die hier Frauen, Kinder und alte Männer auf bestialische Weise ermordeten? Gehörte ich etwa dazu? War das alles Wirklichkeit?

Und dann geschah etwas höchst Seltsames: Während der Hauptfeldwebel mich weiter anbrüllte, sah ich meine Mutter vor mir stehen. Ich spürte ihre Hand auf meinem Kopf, und durch allen Lärm hindurch hörte ich sie sagen:

›Tu kein Unrecht, mein Kind, was auch geschieht! Denk immer daran: Der liebe Gott weiß alles und sieht alles. Und das Leben währet nur kurze Zeit, die Höll' aber ewig. Denk an das Höllenbild in unserer Bibel. Denk immer daran, mein Kind, ganz gleich, was auch geschieht: Mach nichts Unrechtes.‹

Das waren ihre Worte gewesen, mit denen sie mich an die Ostfront entlassen hatte. Ich wußte genau, meine Mutter war in Ostpreußen, aber ich sah sie wahrhaftig vor mir in der Kirche Oradour. Ich spürte ihre Hand auf meinem Kopf und hörte ihre Stimme: ›Mach nichts Unrechtes, mein Kind, ganz gleich, was geschieht ...‹

Der Feldwebel ließ nicht locker, griff mich mit der Faust an, beschimpfte mich als *Rübenschwein* und *Drückeberger*, aber auch damit konnte er mich nicht dazu bewegen, den Finger an den Abzug zu legen und zu krümmen.

Das Bild meiner Mutter verschwand, ich konnte wieder klar denken, und schlagartig wurde mir bewußt, welche Konsequenzen es hatte, einen Befehl wie diesen zu verweigern. Aber hatte ich ihn denn eigentlich verweigert? Ich war einfach nicht fähig gewesen, in einer Kirche auf unschuldige Frauen und Kinder zu schießen und auf diese Weise zum Massenmörder zu werden.

Die Worte der Mutter … Ihre segnenden Hände …

Und Landvolksschullehrer Braun: Du sollst nicht töten!

Ich wußte, ich würde in dieser Situation kein Gehör finden, wenn ich mit meinem Glaubensgehorsam käme. Deshalb suchte ich nach einem Ausweg.

Der Granatsplitter! War das die Rettung? – Vor kurzem war mir noch ein größerer Splitter entfernt worden, den man im Reservelazarett Bialystok übersehen hatte. Die Wunde war noch nicht ganz verheilt, und ich entschuldigte mein Verhalten damit. *Spieß* Wandewitz überhörte das.

›Sie Rübenschwein! Sie Drückeberger!‹

Ich geriet darüber dermaßen in Rage, daß ich meine Waffe hochriß und während dieser Bewegung hörbar entsicherte. Jetzt war ich am Drücker.

›Du feiger Lump!‹ brüllte ich zurück. ›Du Etappenhengst besitzt zwar den *Radfahrerorden*, aber an der Front bist du noch nicht eine einzige Minute gewesen. Und du wagst es dennoch, einen kranken, verwundeten Frontsoldaten als Drückeberger zu beschimpfen? Wiederhol' das, wenn du nicht von Stund an als feiger Wicht gelten willst.‹

Ich hielt meine Waffe auf ihn gerichtet. Hauptfeldwebel Wandewitz war zur Salzsäule erstarrt, kreidebleich. Ihm stand Schaum in den Mundwinkeln. Seine Beschimpfungen wiederholte er nicht. Mit schlotternden Knien ging er langsam rückwärts, seine angstgeweiteten Augen starr auf mich gerichtet. Dann war er um die Ecke und damit in Sicherheit. Dort wurde er schlagartig wieder stark, lebendig und *mutig*, indem er seine Trillerpfeife benutzte.

Ich wurde entwaffnet, festgenommen und auf die Wache gebracht. Dort kam es noch zu Handgreiflichkeiten mit dem wachhabenden Unteroffizier Siebert, in deren Verlauf ich ihm mit dem Stiefel gegen das Schienbein und anschließend kräftig in den Hintern trat.

›Gehorsamsverweigerung, tätlicher Angriff auf Vorgesetzte in Tateinheit mit Bedrohung von Vorgesetzten.‹ – Schwere Vorwürfe.

Nach zwei Tagen im Wehrmachtsgefängnis in Ponte Clichy brachte man mich in die Wehrmachtsfestung Torgau.

Torgau – das ist die Hölle, dachte ich, aber es sollte erst ein Vorgeschmack sein.

Als ich dort ankam, wurde ich über den sogenannten Lagerbock geschnallt. Und dann gab es mit der ›Gott sei mit uns‹-Koppelschloß-Schnalle fünfundzwanzig Schläge auf den nackten Hintern, als Begrüßung sozusagen. Währenddessen blies die Lagerkapelle aus vollen Lungen das Lied *Nun danket alle Gott, mit Herzen, Mund und Händen, der große Dinge tut an uns und allen Enden …* , um die Schmerzensschreie zu übertönen.

So erging es jedem Neuankömmling. Vom ersten Tag an sollte er wissen, wo er sich befindet und wie es dort zugeht.

›Ab mit dir, du feiger Vaterlandsverräter!‹

Vaterlandsverräter? Hatte ich mein Vaterland verraten, weil ich den Befehl, auf unschuldige Frauen, Kinder und alte Männer zu schießen, nicht befolgt hatte? Hatte ich mein Vaterland verraten, weil ich den Hauptfeldwebel Wandewitz, der mich mit Gewalt zum Massenmörder machen wollte, mit der Waffe auf Abstand gehalten und einem Unteroffizier, der mich traktierte, gegen das Schienbein getreten hatte?

Ich war es, der sich verraten fühlte, nach Strich und Faden verraten, und zwar von meinem Gott.

In Ponte Clichy, vor dem Feldkriegsgericht in Wiesbaden, auf dem Weg nach Torgau, in Torgau selbst, da hatte ich viel Zeit gehabt, über die Geschehnisse in Oradour nachzudenken.

Bis zu jenem Tag war ich von der Allmacht Gottes überzeugt gewesen, auch wenn ich an der russischen Front viel Grausames erlebt und gesehen hatte, das Zweifel in mir hätte wecken können.

Aber Oradour? Das ging über meinen Horizont.

Mit ihm gezankt habe ich: ›Wenn bei Dir kein Ding unmöglich ist, Gott, wenn Du Berge versetzen, Hügel zu Tälern, eine Jungfrau zur Mutter und Wasser zu Wein machen und dem Sturm Einhalt gebieten kannst, wenn Du Liebe bist und sprichst *Lasset die Kindlein zu mir kommen,* wo warst Du dann, als sie zu Dir kamen? Als sie in der Kirche vertrauensvoll bei Dir Zuflucht und Schutz vor den Mördern suchten? Wo warst Du in Oradour? Hättest Du die Kirchenschänder, Massenmörder, Satansknechte nicht alleine schon für ihre verbrecherischen Gedanken mit dem Blitz erschlagen oder unter ihnen die Erde öffnen müssen?

In Torgau, dieser Stadt des Grauens, schreien die Menschen genau so nach Dir, die Geschundenen, die zum Tode Verurteilten. Auf ihrem letzten Gang zum Schandpfahl oder an die selbstgeschaufelte Grube, mit den Händen an der Hosennaht vorbei an den anderen, die zur Abschreckung zusehen müssen, zwingt man sie, laut und fröhlich zu singen:

Freut euch des Lebens, solang noch das Lämpchen glüht … oder *Bis hierher hat mich Gott gebracht durch seine große Güte …*

Ich habe Marinesoldaten am Galgen gesehen, den Strick bereits um den Hals gelegt, die lachend und laut rufen mußten: *Hurra, hurra! Ich saufe ab!*

Läßt Du Dir das einfach so gefallen, Gott? Wie lange willst Du Dich auf diese Weise noch lästern lassen? Auf Bibelforscher, Priester und Pastoren haben sie es besonders abgesehen. Läßt Dich das kalt? Worauf wartest Du noch?

Und dann diese seltsamen *Gottesdiener* bei den Exekutionen, die sehr wenig Heiliges an sich haben mit dem Kreuz vor der Brust und der Pistole in der Hand, mit der sie Opfern, die noch Lebenszeichen zeigen, den Fangschuß geben …

Wo bleibst Du, Gott. Bist Du auf Urlaub oder gibt es Dich gar nicht mehr?‹

So hatte ich mit ihm gezankt, aber er blieb stumm. Gott schien mir sehr weit weg. Ich zweifelte an seiner Liebe, an seiner Allmacht. Mein Glaube war äußerst schwach geworden. Trotz allem aber spürte ich, daß das Fundament, das meine Eltern gelegt hatten, noch trug. Und dieser winzige Rest Glaube gab mir neue Kräfte, Geduld, den starken Willen und die Hoffnung, diese Hölle zu überleben. Selbst in ausweglosen Situationen und bei Folterungen wußte ich mich auf eine seltsame Weise von Gott getragen.

Immer wieder fanden die Gedanken zu meiner Mutter, die ich in der Kirche Oradour vor mir hatte stehen sehen. Es war mehr als nur die Erinnerung an die Worte, die sie mir mit auf den Weg in den Krieg gegeben hatte. ›Tu kein Unrecht, mein Sohn, was auch geschieht …‹ Es war nicht der Gedanke an Teufel und Hölle oder den drohenden Zeigefinger Gottes: ›Alfred, du sollst nicht töten.‹

In Rußland hatte ich auch geschossen, aber das war etwas ganz anderes gewesen. Dort hatte sich die Mutter nicht dazwischengestellt.

Großeltern, Eltern, Schwestern: Sie hatten für mich gebetet, hatten mich gesegnet. Mit diesem Segen mußte mein Verhalten in Oradour zusammenhängen. Und wenn das so war, dann konnte Gott mich doch jetzt nicht so einfach im Stich lassen. Was nützte mir sein Segen, wenn man mich in Torgau an die Wand stellte?

Zu meiner großen Überraschung hatte mich das Feldkriegsgericht wegen meines Verhaltens in Oradour jedoch nicht zum Tode verurteilt, sondern degradiert und die Einweisung in ein Straflager verfügt. Ich war jetzt *Sicherungsverwahrter zur besonderen Verwendung.* Torgau war für mich deshalb nur Zwischenstation auf dem Weg in das Lager Weroschino. Aber Straflager, war das nicht im Grunde auch ein Todesurteil, allerdings eines, für das am Ende niemand verantwortlich und das in keiner Akte aufgeführt war? Hunger, Kälte, Krankheiten, Mißhandlungen und Schwerstarbeit. War das nicht vielmehr ein Sterben auf Raten?

Auch wenn mir in Torgau der Teufel in Menschengestalt begegnet war, mußte ich auf noch Schlimmeres gefaßt sein. Dennoch war das Lager für mich zunächst ein Lichtblick. Dieser Krieg konnte nicht ewig dauern. Die deutschen Truppen im Osten waren auf dem Rückzug. Das war auch den Lagerinsassen nicht verborgen geblieben. Vielleicht würde Gott mich diese Hölle überleben lassen. An diesen Gedanken habe ich mich oft geklammert. Gebetet habe ich in dieser Zeit allerdings nicht. Mein Hader mit Gott war zu groß.

Daß ich das Lager Weroschino überlebt habe, ist ein Wunder. Als Sicherungsverwahrte zur besonderen Verwendung wurden wir dort nämlich zu sogenannten Himmelfahrtskommandos eingesetzt, das hieß zum Beispiel: Bomben und Minen räumen.

Während unsere Bewacher in der sicheren Deckung lagen und uns mit Karabinern und Maschinenpistolen in Schach hielten, mußten wir die Bomben und Minen entschärfen. Anfangs gaben sie uns vorher Schnaps zu trinken; denn wir hatten Angst und wußten, daß jeder Einsatz der letzte sein konnte. Oft genug hatten wir miterlebt, daß Bomben und Minen hochgingen und die Kameraden in Stücke rissen.

›Dies ist kein Himmelfahrtskommando, ihr fahrt zur Hölle!‹ hörten wir dann die Bewacher gröhlen.

Unser Leben war sozusagen nicht einen Schuß Pulver wert.

Eines Tages wurde dann ein Eisenbahn-Transport zusammengestellt. Es hieß, wir sollten nach Torgau zurückverschubt werden. Vermutlich hing das mit dem Rückzug unserer Truppen zusammen.

Zurück nach Torgau? Nur das nicht. Ich hatte mir vorgenommen, die nächstbeste Gelegenheit zur Flucht zu nutzen.

Schon in der ersten Nacht sollte ich meine Chance bekommen: Wir saßen zusammengepfercht auf dem Fußboden eines geschlossenen Güterwagens. Es war kalt, die Luft dennoch stickig. An Schlaf nicht zu denken. Plötzlich Bremsenquietschen und überraschender Halt auf freier Strecke. Während Kameraden versuchten, durch die Ritzen zu spähen und zu erkennen, was los war, hatte ich aus dem aufgeregten Durcheinander der Stimmen draußen das Entscheidende herausgehört: Partisanen hatten die Schienen gesprengt. Das bedeutete das vorläufige Ende der Fahrt. Vermutlich würde man bis zum Anbruch des Morgens warten, um mit dem Flicken der Gleise zu beginnen.

Dann wurde die Waggontür entriegelt und aufgeschoben. ›Absitzen und vor dem Waggon antreten!‹

Taschenlampen blitzten auf. Vermutlich gab es wieder etwas zu tun für die *Sicherungsverwahrten zur besonderen Verwendung.* Ich witterte meine Stunde.

Während die ersten ins Freie sprangen, drängte ich mich erst zur Seite und dann nach hinten, um den Waggon als einer der letzten verlassen zu können. Ich sprang, als unser Bewacher den Lichtkegel seiner Lampe zur Seite schwenkte. Als er ›Abzählen‹ brüllte, wurde mir klar, daß es auf jede Sekunde ankam. Ich nutzte das allgemeine Durcheinander vor dem Waggon, kroch unbemerkt darunter und glitt mit dem Kopf zuerst auf der anderen Seite den Bahndamm hinunter.

›Abzählen, verdammt noch mal!‹

Die Nacht war stockdunkel, und doch traute ich mich nicht, aufzustehen und in die Dunkelheit hineinzurennen. Aber ich mußte weg vom Bahndamm, schnell weg, wenigstens heraus aus dem Bereich der Taschenlampen. Ich robbte los, bemüht, mich so flach wie möglich zu machen, robbte durch Heide, verfing mich in niedrigem Gestrüpp, vermutlich Wacholder, sprang dann einem plötzlichen Impuls folgend auf und rannte, ohne zu wissen wohin. Ich hatte keine Ahnung, ob das Gelände mir irgendeine Deckung bot; denn es war nicht das Geringste zu erkennen. Ich erinnere mich nicht, jemals zuvor die Nacht in solcher Schwärze erlebt zu haben.

Dann überrannte ich einen niedrigen Busch, aber mein rechter Fuß blieb hängen. Ich schlug der Länge nach hin. In diesem Augenblick hörte ich das Geräusch von Trillerpfeifen und den Abschuß einer Leuchtkugel.

Aus, dachte ich, das ist das Aus.

Ich hielt den Kopf an den Boden gepreßt und sah dennoch das flackernde Weißlicht. War ich noch rechtzeitig genug zu Boden gegangen oder hatten sie mich entdeckt und bereits im Visier? Eine zweite Leuchtkugel, eine dritte. Dann Salven aus Maschinenpistolen, aber keine Einschläge in meiner Nähe.

Ich vernahm ein schwaches Echo der Schüsse. Das konnte ein Hinweis auf Wald in der Nähe sein. Aber dann hörte ich zu meinem Entsetzen noch etwas anderes: Soldaten kamen näher, und aus den Augenwinkeln sah ich die Lichtkegel, die in der Dunkelheit herumstocherten.

Ich lag noch immer so, wie ich gefallen war, und riskierte nicht die kleinste Bewegung. Mein Herz raste und hämmerte derart laut, daß ich fürchtete, das Geräusch könnte mich verraten. Ein neuer Schreck fuhr mir in die Glieder, als in unmittelbarer Nähe zwei Soldaten stehenblieben, so dicht, daß ich hören konnte, worüber sie sich unterhielten. Sie sprachen nicht über den Flüchtigen, sondern über die Wahrscheinlichkeit eines Überfalls durch Partisanen. Als sie weitergingen, wurde ich ruhiger und wagte sogar, den Kopf so weit in den Nacken zu bringen, daß ich gegen den Horizont spähen und mir einen kleinen Überblick über das Gelände verschaffen konnte.

Erst jetzt spürte ich die Kälte und die Nässe, mit der sich die dünne Häftlingskleidung vollgesogen hatte.

Sie fanden mich nicht. Die Suchtrupps schlugen einen ausholenden Bogen zurück zum Zug. Aus dieser Entfernung waren ihre Taschenlampen keine Gefahr mehr, und als auch die Leuchtkugeln ausblieben, wagte ich es, meinen Weg fortzusetzen. Das heißt, gleitend und robbend, immer bereit, mitten in der Bewegung zu erstarren, bewegte ich mich auf etwas zu, daß ich im Schein der Leuchtkugeln für einen Wald gehalten hatte und das sich schließlich als Fichtenschonung entpuppte.

Geschafft? – Den Häschern war ich entkommen, aber... Die nervliche Anspannung, die Flucht in tiefster und anstrengendster Gangart: Ich war am Ende meiner Kräfte. Groß war die Versuchung, eine trockene Mulde zu suchen und mich unter einer Lage Blättern oder Farnkraut zu verkriechen. Aber ich wußte: Diese Schonung bot mir keine wirkliche Sicherheit. Bei Tage würden sie die Spur finden, die ich im Gelände hinterlassen hatte, und ich war mir sicher, sie würden sie suchen. Aber noch aus einem anderen Grund mußte ich weiter: Ich war naß bis auf die Haut. Ich mußte in Bewegung bleiben, mußte warm werden, die Kleidung auf dem Körper trocknen.

Geschafft? – Ich besaß keine Nahrungsvorräte, keine Waffe, nicht einmal Streichhölzer oder ein Feuerzeug. Aber ich war abgehärtet. Als Kinder waren wir bis in den Oktober hinein barfuß gelaufen. Elektrisches Licht gab es bei uns auf dem Dorf nicht, und das Wasser kam nicht aus der Leitung, sondern aus dem Brunnen und mußte mit einem Eimer aus der Tiefe geholt werden. Dieser Brunnen war zugleich unser Kühlschrank.

Nein, ich war nicht so verwöhnt wie die meisten meiner Kameraden an der Ostfront, die in den Großstädten des Ruhrgebiets aufgewachsen waren. Und ich hatte nicht mein Leben riskiert, um anschließend an Unterkühlung zu sterben oder zu verhungern. Ich war sechsundzwanzig Jahre alt. Ich wollte leben, jetzt erst recht. Diesen verdammten Krieg, der nicht mehr lange dauern konnte, wollte ich überleben. In den Wäldern meiner Heimat, in Heide und Moor kannte ich mich aus. Dort würde ich Nahrung finden, mich verstecken und das Kriegsende abwarten …

Aber noch einer anderen Gefahr war ich ausgesetzt: Partisanen und dem Russen.

Tagsüber schlief oder ruhte ich in einem Versteck, mit Anbruch der Dämmerung marschierte ich weiter. Im Morgengrauen suchte ich mir dann einen neuen Unterschlupf.

Nach vier Tagen erreichte ich ein verlassenes Dorf: Molodetschno. Die Häuser waren zerschossen oder niedergebrannt. Es gab weder Mensch noch Vieh, weder Hund noch Katze. Auf der Suche nach Brauchbarem für meinen weiteren Fluchtweg fand ich auf einem Bauernhof am Dorfrand unter Strohresten in einer Miete einige schrumplige Kartoffeln. Insgesamt war es vielleicht ein Kilogramm, das ich in meine Taschen stopfte. Mir war zumute, als wäre ich auf eine Goldader gestoßen. Aber die Freude über diesen Fund währte nur kurz. Weiß der Geier, was sie an diesen verlassenen Ort getrieben hatte, der von den deutschen Truppen bereits aufgegeben worden war. Ausgerechnet in diesem zerschossenen Dorf lief ich einer Streife der gefürchteten *Kettenhunde,* der Feldgendarmerie, vor die Mündung ihrer Maschinenpistolen.«

Kapitel 6

Alfred Eder wurde nach Torgau gebracht, dort erneut vor ein Feldkriegsgericht gestellt und wegen *Plünderei* angeklagt. Plünderei, damit waren die Kartoffeln gemeint, die man in Molodetschno in seinen Taschen gefunden hatte.

Das Urteil: Tod am Schandpfahl.

Alfred Eder erinnert sich:

»Der wahre Grund für dieses Urteil war vielmehr der, daß ich über das Massaker in Oradour, über die Himmelfahrtskommandos im Straflager und über die unmenschlichen Zustände in Torgau selbst gesprochen und meine Empörung im Gerichtssaal den Richtern zugerufen hatte. Ich war damals noch so naiv zu glauben, die Richter würden das abstellen lassen. Ich Narr!

Dreiundachtzig Tage und Nächte wartete ich in der Todeszellenabteilung der Wehrmachtsfestung auf meinen Henker. Dreiundachtzig Tage Hunger, Durst, Kälte, Schläge, Läuse, Wanzen und Ratten. Dreiundachtzig Tage in einer restlos verdreckten Zelle auf einem blutverschmierten, nach Urin stinkenden Strohsack.

Ich weiß, wie man sich fühlt und woran man zuallererst denkt, wenn dann auf dem Gang Stiefelschritte zu hören sind, Kommandorufe, Gebrüll, Hundegebell. Dreiundachtzig Tage und Nächte. Aber das ist noch nicht alles!

Wegen Kleinigkeiten haben sie Leute erschossen, aufgehängt, mit dem Gewehrkolben totgeschlagen.

Weil sie vor Hunger Kartoffelschalen aus den Küchenkübeln herausgeholt hatten.

Gras haben wir gefressen, wir waren froh, wenn wir irgendwo Gras fanden.

Der Kommandant betrieb mit Fußtritten, Faust- und Stockhieben ›Zivilisierung‹. Das Messer in der Faust, setzte er einmal wegen eines geringfügigen Vergehens einem jungen Russen nach. Aber das ist nur ein Beispiel von hunderten. In der kurzen Zeit, die ich in Torgau war, sind mindestens an die dreihundert Russen erschossen worden ... russische Kriegsgefangene. Die hatten nichts Böses getan.

Ein anderer Vorgesetzter warf einen Russen zu Boden, hetzte eine Dogge auf ihn, die ihn an der Kehle packte und würgte. Dann durchbohrte er ihm mit einem Dolch das Herz. Damit hatte sein Toben aber noch kein Ende. Er schnitt ihm Nase und Ohren ab, ließ ihn aufknüpfen und nannte ihn einen Götzendiener.

Ich weiß von einem Feldwebel, der wiederholt wegen Tapferkeit vor dem Feind ausgezeichnet und mehrfach verwundet worden war. Der Kommandant ließ ihn erschießen, weil er einen Befehl nicht sofort ausgeführt hatte. Seine in Torgau lebende Frau, seine Kinder und Verwandten mußten in Trauerkleidung der Hinrichtung beiwohnen. Seine Leiche blieb anschließend drei Tage lang liegen.

Ich weiß, daß Menschen nach ihrer Gefangennahme so lange gefoltert wurden, bis sie geständig waren. Aber kein göttliches oder menschliches Gesetz erlaubt das. Ein Geständnis darf nicht erpreßt werden. Wenn nun der arme Sünder sich schuldig bekennt, ohne es tatsächlich zu sein, auf wen fällt dann die Sünde?

Was waren das für Menschen, die sich von Tag zu Tag neue Grausamkeiten einfallen ließen? Ein neuer Tag bedeutete, neu die Hölle zu erleben und mit viel Glück zu überleben. An dem, was in den Lagern geschah, hätte selbst Erzvater Abraham irre werden können. Ja, sogar der Teufel dürfte sich gewundert haben, wozu Menschen fähig sind, Menschen, die durchaus keine Pferdefüße, Hörner oder Krötengesichter hatten, sondern glattrasiert waren und strenggezogene Scheitel trugen, blankgewichste Stiefel, Schlips und Kragen, Bügelfalten. In Schafspelzen und Autos, als *fliegende Standgerichte* und *Rechtswahrer* bewegten sie sich. *Herrenmenschen*, die wie kultivierte Menschen aussahen, oft gutaussehende Frauen hatten und fürsorgliche Familienväter waren.

Ich verstand das alles nicht. Vor allem: Ich verstand nicht, warum der allmächtige Gott das alles geschehen ließ. Das brachte mich noch weiter weg von ihm. Ich konnte nicht beten.

Nicht einmal ein Stoßgebet wie ›Herr Jesus, erbarme dich!‹ brachte ich über die Lippen.«

Kapitel 7

Das Todesurteil wurde vom zuständigen General Meindl nicht bestätigt. Daraufhin wandelte der vorsitzende Richter die Plünderei in Diebstahl um und verurteilte Alfred Eder im November 1944 zu 5 Jahren Gefängnis. Zusätzlich verhängte er die Sicherungsverwahrung. Die Vollstreckung des Urteils wurde bis Kriegsende ausgesetzt. Bis dahin war der Verurteilte in einem Lager *zur besonderen Verwendung* zu verwahren.

Ein Auszug aus dem Strafregister vom 15.12.1983 enthält über dieses Urteil die Eintragung:

30.11.1944 FELDG D.K.GEN U.BEF.LUFTGAU
-1 K ST.L. 148/44-
TATBEZEICHNUNG: DIEBSTAHL
ANGEWENDETE VORSCHRIFTEN: STGB 242
5 JAHRE GEFÄNGNIS

Sicherungsverwahrung, das bedeutete Konzentrationslager, zunächst Torgau-Brückenkopf, dann Dachau, Nietra, Winterberg, Bergen-Belsen, Neuengamme.

Und *zur besonderen Verwendung*, das hieß: Weitere Himmelfahrtskommandos wie Bomben- und Minenräumen, Anlegen von Massengräbern, Schwerstarbeiten in Steinbrüchen mit bloßen Händen, Bestattungskommandos, Wiederausheben von Massengräbern.

Alfred Eder erinnert sich:

»Sicherungsverwahrte zur besonderen Verwendung, das waren sogenannte Vogelfreie. Deren Leben zählte nichts. Jeder A ..., jeder einfache Schütze A ..., der konnte die umlegen, da hätte kein Hahn danach gekräht. Oder sie wurden den Steinbruch runtergeworfen, wobei die Bewacher dann johlten: ›Hoho, hehe, die Masche steht. Der Zugang kommt, der Abgang geht!‹

Bestattungskommandos, da mußten wir die Ermordeten und Verstorbenen, die Krepierten und Verhungerten, die Abgespritzten, Vergasten und noch Röchelnden aufsammeln und in die Gruben werfen.

Als dann die Alliierten näherrückten, wurden Massengräber wieder geöffnet, um die Spuren nationalsozialistischen Unrechts zu beseitigen. Für uns bedeutete das, die Gräber ohne Schutzhandschuhe und Geruchsschutzmaske, ohne Gummistiefel, überhaupt ohne Fußbekleidung zu leeren: Alte und frische Leichen, eingeschlagene Schädel, Skelette, Gedärm, Knochenreste zwischen Altöl und Resten verbrannter Autoreifen.

In dieser Zeit habe ich das Lachen und Weinen verlernt und endgültig mit dem Gott gebrochen, den ich aus meiner Kindheit kannte. Wirklich, ich konnte viele Jahre danach nicht mehr lachen, aber auch nicht mehr weinen. Und das ist schlimm!

Im Frühjahr 1945 war ich im KZ Bergen-Belsen. Weil die Alliierten näherrückten, wurden die SV-zbV-KZ-Leute nicht mehr außerhalb des Lagers eingesetzt. Aber im Lager selbst gab es genug zu tun. Trotz erhöhter Anstrengungen war es nämlich nicht gelungen, die Spuren der Gewaltverbrechen zu beseitigen. Es ging alles zu schnell. Mit anderen Worten: Es gab noch Berge von Leichen, die man nicht mehr hatte verbrennen können, außerdem Haufen von Kleidungsstücken und Schuhen der Opfer, Material aus der sogenannten Spinnstoffsammlung.

Ja, und dann kamen zwei SS-Leute in unsere Baracke. Wir lagen da mit ungefähr fuffzig-sechzig Mann. Einstöckige Baracken waren das. Zwei SS-Leute, die Maschinenpistole umgehängt, und vom Fenster aus sahen wir, daß sie dann mit jeweils sechs bis acht Mann loszogen. Wir hörten keine Schüsse, aber die SS-Leute kamen bald darauf alleine zurück und holten neue Leute. Da nahm mich einer meiner Kameraden, Paul Hering aus Gelsenkirchen, beiseite und flüsterte mir zu: ›Du, Alfred, die legen uns jetzt um.‹

Vermutlich stand von vornherein fest, daß man uns bei Kriegsende liquidieren würde. Wir Sicherungsverwahrten zur besonderen Verwendung wußten zu viel. Wir kannten die Lage der Massengräber, konnten die Übeltäter mit Namen benennen. Dem wollte man vorbeugen.

Da gab es also nicht mehr viel zu überlegen. Paul Hering, Max Malberg und ich, wir sind dann aus dem Fenster gesprungen und unter einen Leichenhaufen gekrochen. Es gab keine andere Möglichkeit, den Genickschußkommandos zu entkommen, als sich dort zu verstecken.

Blut und Wasser haben wir geschwitzt, denn sie waren mit Bluthunden hinter uns her. Der bestialische Leichengestank irritierte die Hunde jedoch.

Unter diesem Leichenhaufen habe ich wieder angefangen zu beten: ›Lieber Gott, laß du die Mörder nicht unter diesem Leichenhaufen fahnden. Laß du sie vorübergehen! Alle zum Tode Verurteilten, alle Sicherungsverwahrten zur besonderen Verwendung erhalten jetzt Genickschüsse. Die Mörder suchen uns. Laß du, lieber Gott, wo ich bis jetzt alles durchlitten und überlebt habe, dieses Unrecht fünf Minuten vor Zwölf nicht zu! Ich wäre dir dankbar! Das schwöre ich dir, lieber Gott.‹

Nach zwei Tagen Angst, Hunger und mörderischem Durst hatte die Qual ein Ende. Englische Soldaten befreiten das Lager.

Als wir unter dem Leichenhaufen hervorgekrochen kamen, hob einer der Soldaten seine Waffe. Aber ein anderer winkte gleich ab. Der hatte sofort erkannt, daß wir Häftlinge waren.

Die kleinen Dienstgrade der SS standen da noch herum und konnten gar nicht fassen, wie ihnen geschah. Die Großen hatten sich rechtzeitig aus dem Staub gemacht, waren *fahnenflüchtig* geworden, hatten ihre Uniform abgelegt und Rot-Kreuz- oder Häftlingskleidung angezogen, vielleicht von einem, der kurz zuvor wegen Fahnenflucht erschossen worden war.«

Kapitel 8

Bis zum Skelett abgemagert, noch ganze fünfzig Pfund schwer, verlaust, eingetretene Zähne, Nasenbeinbruch, Beckenbruch, fünf Rippenfrakturen, Kopf- und Hodenverletzungen. In diesem Zustand wurde Alfred Eder am 5. April 1945 befreit. Er kam zunächst in ein englisches Feldlazarett, dann nach Hamburg in ein Hospital.

In einem Urteil des Landgerichts Marburg/Lahn vom 21. März 1962 liest sich seine Geschichte so:

»Der Angeklagte stammt aus Ostpreußen. Sein Vater besaß eine kleine Landwirtschaft. Der Angeklagte hat die Volksschule besucht, nach der Schulentlassung in der Landwirtschaft gearbeitet und ist im Jahre 1939 zur Wehrmacht eingezogen worden. Sein Verhalten als Jugendlicher und Heranwachsender war einwandfrei und unauffällig. Zu Beginn seiner Dienstzeit konnte sich der Angeklagte die Anerkennung seiner Vorgesetzten erwerben. Er ist auch befördert worden. Später ist er mehrmals wegen militärischer Straftaten verurteilt worden. Er befand sich zur Zeit des Kriegsendes in einer Bewährungseinheit. Noch im Jahre 1945 wurde er entlassen.«

Mehr als ein Jahr verbrachte er mit Unterbrechungen in verschiedenen Krankenhäusern. Seine Gesundheit war durch die Zeiten in den Gefängnissen und Lagern schwer angeschlagen, aber er kam wieder auf die Beine.

Seine geliebte Heimat hatte er verloren. Er wußte nicht, ob Großeltern, Eltern und Schwestern noch lebten, doch sein Lebenswille war ungebrochen. Krieg,

Konzentrationslager und Himmelfahrtskommandos hatte er überlebt, aber der Kampf um das Überleben ging weiter.

Über die ersten Nachkriegsjahre sagt er:

»Ich war oft krank und deshalb nur stark eingeschränkt arbeitsfähig. Oft lebte ich von der Hand in den Mund. Ich hatte keine Wohnung, keine feste Arbeit. Also trieb ich mich umher, wie sich eben so einer umhertreibt, der keine Bleibe hat. Zweieinhalb Jahre lang habe ich in Kellern geschlafen. Wie hunderttausend andere auch. Mit Lumpen zugedeckt oder einer Pferdedecke, irgendwo beim Bauern geklaut. Nur, daß du ein Dach über dem Kopf hattest und nachts schlafen konntest. Ja, und essen mußtest du auch. Also hab ich gestohlen, Lebensmittel, was mir gerade so in die Hände fiel. Beim Bauern Äpfel, auch mal 'ne Wurst aus der Räucherkammer. Aber wenn du beim Bauern stiehlst und dabei erwischt wirst, dann gnade dir Gott. Ich kann ein Lied davon singen, wie das ist, wenn sie mit dem nächstbesten Gegenstand, der ihnen in die Finger gerät, auf dich eindreschen, ob das nun ein Knüppel, die Peitsche oder gar die Mistforke ist. Die dreschen drauflos, als wärst du eine Ratte, die es auf ihr mühsam erarbeitetes Brotgetreide abgesehen hat. Obwohl eine Ratte doch auch leben will.

Ich hatte mich einmal in einen Stall geschlichen und war von einem Bauern erwischt worden, als ich mich an einer seiner Milchkannen zu schaffen machte. Der Kerl war so in Rage, daß er mich wahrscheinlich wie eine Ratte totgeschlagen hätte, wenn seine Frau nicht dazwischengegangen wäre, ein großes, kräftiges Weib.

Ein größerer Zinkeimer stand griffbereit in seiner Nähe. Den stülpte mir der Bauer über den Kopf, so daß ich nichts mehr sehen, dafür aber um so besser spüren konnte, wie er mit einem Knüppel, den er sonst zum Umrühren des Futters benutzte, auf den Eimer einschlug. Mein Trommelfell dröhnt heute noch, wenn ich nur daran zurückdenke.

Seine Frau hatte hinterher allergrößte Mühe, mir den Eimer vom Kopf zu ziehen. Er wurde ja nach unten enger, und durch die kräftigen Schläge hatte sich mein Kopf regelrecht verkeilt. Den Eimer einfach herunterziehen, das ging beim besten Willen nicht. Aber die Frau wußte sich – und mir – zu helfen. Sie machte Melkfett flüssig, stellte mich samt Eimer auf den Kopf, die Füße gegen die Stalltür und träufelte das Fett in den Eimer. Nach mühevollem Rucken, Kanten und Ziehen kam ich dann schließlich wieder frei. Aber wie sah ich aus:

Kopfhaut, Backen und ganz besonders die Ohren waren derart abgeschürft, daß mir acht Tage lang buchstäblich Hören und Sehen verging. Schultern und Rücken hatten ebenfalls ihr Teil abbekommen.

Die Frau nahm mich mit in die Küche, briet mir Eier in Speck, packte belegte Brote ein und legte noch ein paar Mark dazu.

›Da‹, sagte sie, ›das nehmen Sie sich für unterwegs mit. Und die Eier essen Sie, so warm wie sie sind, gleich hier am Tisch auf, und dann lassen Sie sich ja nicht mehr hier im Dorf blicken!‹

Ihr Mann aber war dazugekommen und fing an, furchtbar mit seiner Frau zu schimpfen. Zum Bürgermeister als Ortspolizeibehörde wollte er mich bringen und im Feuerwehrspritzenhaus einsperren lassen, bis die Stadtpolizei als Freund und Helfer käme, um mich in den Knast zu bringen.

›Das läßt du schön bleiben!‹ fuhr sie ihn an.

Er wollte noch etwas sagen, doch seine Frau, die die Bratpfanne noch in der Hand hielt, ließ ihn gar nicht mehr zu Wort kommen. Sie machte einen Schritt auf ihn zu, hob die Bratpfanne und sagte nur ein scharfes Wort: ›Raus!‹

Mit einem Satz war er an der Tür und schon draußen.

Das hätte ich nicht für möglich gehalten, daß dieser brutale Bauer aus Angst vor seiner Frau stiften ging.

Eine stramme Frau war das. Etwa einen Meter neunzig groß. Aus der ärmellosen Bluse hingen muskulöse Arme, durchtrainiert von harter Arbeit, das sah man. Sie trug eine kurze Hose und an den nackten Füßen Sandalen. Schenkel hatte sie, da konnte einem die Luft wegbleiben, und der Hintern erst, wie ein Brauereipferd. Und doch war diese Frau hübsch. Ihre Hände sahen verarbeitet aus, aber sie waren sauber wie ihr Gesicht, das im Gegensatz zu den Händen noch ohne Falten war. Diese Frau hatte ein weiches, gutes Herz, selbst einem Dieb gegenüber. So etwas gab es in Deutschland also auch noch.

Ja, solch eine Frau, die hätte ich gerne an meiner Seite gehabt. Dann wäre in meinem Leben vieles anders verlaufen. Und dieser Rohling von Bauer, der hatte sie in meinen Augen nicht verdient.

›Hier haben Sie auch noch ein paar Mark‹, sagte sie, brachte mich vom Tisch zum Tor, hob den Zeigefinger in Richtung Dorfausgang und sagte: ›Da geht's lang, und lassen Sie sich nicht mehr hier sehen.‹

Nach diesem Zwischenfall bin ich nie mehr bei einem Bauern auf Diebesbeute gegangen.

So war das also: Mundraub, kleine Einbrüche, Diebstähle und Betrügereien. Zerstückelte Fahrradspeichen als ›Feuersteine‹ verkauft. Und natürlich auch Schwarzmarkthandel. Hehlerei. Betteln, das wäre für mich nicht in Frage gekommen. Jemanden anbetteln? Nein, da ging ich lieber andere Wege, auch wenn sie mich mehr und mehr auf die schiefe Bahn führten.

Weshalb? Ich habe die Menschen kennengelernt. Die meisten haben ein Herz aus Stein und kein Gefühl für das Elend anderer. Das habe ich nicht nur in der Todeszelle und den Konzentrationslagern erlebt, sondern vor allem nach 1945.

Nicht die Deutschen haben mich gesundgepflegt, sondern die Engländer. Niemand ist zu mir gekommen und hat gesagt: ›Da, Eder, hast du einen Anzug. Ich habe noch fünf weitere im Schrank hängen. Im Gegensatz zu dir habe ich Haus, Hof und Heimat behalten dürfen. Ich mußte nicht unter einen Leichenhaufen kriechen, um das nackte Leben zu retten. Hier, nimm! Ich schenk' ihn dir.‹ -

Nein, da bin ich lieber stehlen gegangen.

Ich bin nicht immer erwischt worden. Wenn ich für all das bestraft worden wäre, was ich im Laufe der Jahre ausgefressen hatte ... Mann o Mann!«

Heuschober und Trümmergrundstücke. Diebe, Zuhälter, Betrüger, Huren und Schwarzmarkthändler, genau wie er ohne Anhang und Bleibe. Ihnen, die durchweg in der Großstadt aufgewachsen waren und sich dort besser auskannten als der Hinterwäldler Eder, ihnen, die fast immer einen »Ausweg« wußten, schloß er sich an.

In Gelsenkirchen versuchte er, die Familie eines Schwagers zu finden in der Hoffnung, etwas über seine Familie zu erfahren. Das gelang ihm nicht, aber dort lernte er ein Strichmädchen kennen. Diese Hure teilte ihr letztes Stück Brot mit ihm. Sie ging für ihn auf die Straße, buddelte nachts auf den Feldern Pflanzkartoffeln wieder aus, damit er etwas zu essen hatte. Und wenn er wieder einmal bettlägerig krank war, nahm sie ihn bei sich auf und pflegte ihn gesund.

»Ich litt oft unter andauernden Nerven- und Kopfschmerzen. Aus Mangel an Medikamenten griff ich zum Alkohol, der mir auch in anderen Situationen zum ›Tröster‹ geworden war. Um Alkohol kaufen zu können, brauchte ich Geld. Also stahl ich, was mir in die Finger geriet und sich zu Geld machen ließ.

Im August 1946 verschaffte ich mir in Essen mit Hilfe eines Dietrichs Zugang zu einer fremden Wohnung. Zwei Koffer mit Kleidungsstücken hatte ich bereits gepackt und war gerade dabei, noch ein paar Wertgegenstände zusammenzusuchen, als ich überrascht und gestellt wurde.

Ich wurde angeklagt und bereits im Oktober wegen versuchten schweren Diebstahls zu zwei Monaten Gefängnis verurteilt. Ich kam noch einmal mit einem blauen Auge davon; denn die Untersuchungshaft wurde angerechnet, so daß ich am 22. Oktober wieder in Freiheit war.

Diese beiden Monate hatten mich zur Besinnung gebracht. Ich wußte genau: Der Weg, auf dem ich mich bewegte, würde mich immer wieder vor die Schranken des Gerichts und hinter Gitter bringen. Ich mußte herunter von diesem Weg, bevor es zu spät war, mußte brechen mit dieser Art zu leben. Den Krieg und die Hölle der Konzentrationslager hatte ich überlebt, aber doch nicht, um anschließend das Leben eines Kriminellen zu führen. Das hieß doch, weiter auf der Flucht zu sein oder in Unfreiheit leben zu müssen.

Aber welche Chancen hatte ich denn mit meiner angeschlagenen Gesundheit und den bitteren Erfahrungen der jüngsten Vergangenheit in einem Land, das in Trümmern lag, und in einer Zeit, in der sich jeder selbst der Nächste war? Ich träumte davon, mir irgendwo auf dem Lande eine kleine Existenz aufzubauen und ein solides Leben zu beginnen. Eine kleine Schweinezucht vielleicht, oder auch eine Hühnerfarm. Am liebsten Schweine. Da hätte ich Spaß dran gehabt. Landarbeit, die liegt mir. Davon verstehe ich was. Ich bin im Grunde kein Stadtmensch. Schweinezucht ... wenn es mir gelungen wäre, so etwas aufzubauen, da wäre in meinem Leben vieles anders verlaufen. Wenn ...

Wer viel herumkommt, der hört und sieht viel, wenn er wachsame Augen und hellhörige Ohren hat. Ich erfuhr, daß in Gießen ein Rechtsanwalt wohnte, der während des Krieges in Torgau Nebenrichter gewesen war an jenem Feldkriegsgericht, das mich wegen Plünderei zum Tode verurteilt hatte. Mit seiner Hilfe gelang es mir, eine Entschädigung für erlittenes nationalsozialistisches Unrecht zu bekommen: 28 000 Reichsmark.

In Gießen hatte ich in der Volkshochschule Lesen und Schreiben gelernt, und jetzt dieses Startkapital ...

Das ist der Neuanfang, dachte ich. Jetzt zählt alles nicht mehr, was gewesen ist: Oradour, Todeszelle, Straflager, KZ, Himmelfahrtskommandos, Schwarzmarkt und krumme Touren. Vorbei und vergessen. Von nun an geht es bergauf.

Aber drei Tage später kam die Währungsreform, und ich konnte mir an meinen 28 000 Reichsmark allenfalls die Finger wärmen, wenn ich sie in Flammen aufgehen ließ.

Vierzig Mark bekam ich, wie jeder andere auch. Damit war der Nachkriegstraum von einer kleinen Schweinezucht oder Hühnerfarm ausgeträumt, und schneller als erwartet hatte mich die Vergangenheit eingeholt.

Ich fand mich auf genau dem Weg wieder, den ich unbedingt hatte verlassen wollen, und ich hatte noch zwei Begleiter, die mir diesen Weg äußerst beschwerlich machten: Die Verbitterung und den Haß.

Ich fühlte mich um die Entschädigung betrogen und mußte mir obendrein noch sagen lassen, ich sei selber Schuld. Ich hätte den Stichtag der Währungsreform kennen müssen und die wertlosen Reichsmarkscheine nicht annehmen dürfen.

Und die, die mir das Geld gegeben hatten? Kannten die den Stichtag nicht?

In meiner Verbitterung stahl ich dann weiter, und weil ich dabei nicht raffiniert genug vorging, kam es, wie es kommen mußte: Ich wurde bald erwischt und landete wieder hinter Gittern.

Und der Haß …

Ich habe den Kalk von den Wänden gekratzt vor Haß und oft keinen Schlaf finden können. Abgrundtief hassen, da kannst du zum Mörder werden. Haß, das ist ein furchtbarer Ratgeber, denn er verdüstert buchstäblich das Gehirn.

Während der Haft bekam dieser Haß weitere Nahrung:

Ich war ein Dieb, ein Lump. Das wußte ich. Wer sich Zugang zu fremden Wohnungen verschaffte und Kleidung stahl, hatte Strafe verdient. Ich wollte niemanden dafür verantwortlich machen, daß ich hinter schwedischen Gardinen sitzen mußte. Jeder ist gewissermaßen seines eigenen Glückes Schmied.

Aber drei Jahre Zuchthaus, das bedeutete viel Zeit zum Nachdenken und Grübeln. Mir wurde deutlich, daß mein Schicksal in Oradour eine drastische Wende erfahren hatte.

Wenn ich in schlaflosen Nächten mit weit geöffneten Augen in die Dunkelheit der Zelle stierte, kam mir oft der Gedanke: Wie sähe dein Leben heute aus, wenn du in Oradour den Befehl, auf unschuldige Frauen, Kinder und alte Männer zu schießen, ausgeführt hättest?

In dieser Zeit reifte in mir der Entschluß, meine Peiniger zu suchen, die mir während des Krieges das Leben zur Hölle gemacht hatten und mitverantwortlich waren für mein Schicksal. Sie hatten Anspruch auf ein Stück Rinnstein. Dazu wollte ich ihnen verhelfen.

Als ich 1951 meine Strafe verbüßt hatte, schloß ich mich der VVN an, der Vereinigung der Verfolgten des Nazi-Regimes.«

Kapitel 9

Der Haß trieb ihn von Süd nach Nord, von Ost nach West durch die Bundesrepublik und selbst nach Torgau. Was er herausfand, steigerte seinen Haß: NS-Richter und KZ-Aufseher, die entweder Schreibtischmörder waren oder selbst Blut an den Fingern hatten, saßen schon wieder in leitenden Positionen der Justiz. Jener Feldkriegsrichter z.B., der ihn wegen einer Portion Kartoffeln zum Tod am Schandpfahl verurteilt hatte, war inzwischen in Wiesbaden Landgerichtsdirektor.

Und genau diesem Landgerichtsdirektor stand Alfred Eder ein Jahr später im Gerichtssaal gegenüber, weil er eine Damenarmbanduhr, Alkohol, Tabletten und Socken gestohlen hatte.

Dieser Richter wußte, daß er es, was die Straftaten betraf, mit einem kleinen Fisch zu tun hatte, der auf seine Weise versuchte, im Nachkriegsdeutschland zu überleben. Er erkannte in ihm jedoch auch denjenigen, der in einem Frankfurter Vorort französische Besatzungssoldaten dazu angestiftet hatte, ihn, den Landgerichtsdirektor, wegen der Geschehnisse in Oradour und des Todesurteils in Torgau auf offener Straße krankenhausreif zu schlagen. Und er stand zugleich einem Mann gegenüber, der es gewagt hatte, ihn wegen Mordes in drei Fällen anzuzeigen, wegen Mordes, begangen in Torgau an der Elbe.

Er ahnte wohl auch, daß dieser Eder fest entschlossen war, rücksichtslos die Dinge ans Licht zu bringen, von denen er wußte. Da galt es, rechtzeitig gegenzusteuern, im eigenen Interesse und im Interesse der Kollegen. Auf diesen ungehobelten Klotz würde man einen groben Keil setzen.

Alfred Eder hatte gestohlen und also wieder Strafe verdient. Das wußte er. Das einzusehen fiel ihm nicht schwer. Und doch hätte er sich vor Wut über sich selbst sonstwohin beißen können. Denn: Mit seiner Straftat hatte er sich ausgerechnet in die Hände derer gespielt, denen er auf den Fersen war. Das war alles andere als klug gewesen. Und auch, daß wieder der Teufel Alkohol seine Finger mit im Spiel gehabt hatte, verzieh er sich nicht.

Dann kam der Tag der Gerichtsverhandlung. Alfred Eder gestand die Diebstähle ohne Umschweife und zeigte Reue. Doch dann wurde ihm bewußt, aus welcher Richtung der Wind ihm schneidend ins Gesicht blies.

Da fielen Worte, die mit seiner Tat, für die er sich verantworten sollte, nicht das Geringste zu tun hatten:

»Angeklagter, Sie haben sich schon früher nicht in die deutsche Volksgemeinschaft eingeordnet, sondern im KZ herumgedrückt, während andere ihr deutsches Vaterland verteidigten.«

»Eder ist ein Vaterlandsverräter. Er hat während des Krieges den Befehl zu schießen verweigert, Vorgesetzte mit der Waffe bedroht und angegriffen.«

»Dieser Eder ist im Namen des deutschen Volkes rechtskräftig verurteilt worden. Die Vollstreckung des Urteils wurde bis Kriegsende ausgesetzt. Bis dahin war er zur besonderen Verwendung in einem Lager zu verwahren, aus dem er jedoch durch die Besatzer Deutschlands gewaltsam herausgeholt worden ist. Das ist rechts- und gesetzwidrig.«

»Eder ist ein etwas abartiger Psychopath. Er ist ein Querulant. Er ist kontaktarm und vor allem gefühlskalt. Er ist ein gemeingefährlicher Gewohnheitsverbrecher.«

Die Wut auf diesen Eder, der den NS-Erschießungskommandos fünf Minuten vor 12 doch noch entkommen war und nun nicht davor zurückschreckte, sein Maul aufzureißen, stand dem Landgerichtsdirektor im puterroten Gesicht geschrieben. Seine Stimme überschlug sich beinahe, als er seine Anklagen und Vorwürfe in den Gerichtssaal schmetterte.

Schließlich das Urteil:

6 Jahre Zuchthaus, 5 Jahre Verlust der Bürgerlichen Ehrenrechte, Sicherungsverwahrung wegen schweren Diebstahls im Rückfall.

Vaterlandsverräter?

Im KZ herumgedrückt?

Die Befreiung aus dem Lager Bergen-Belsen ein Gewaltakt?

Acht Jahre nach Kriegsende noch immer oder schon wieder der Vorwurf, in Oradour nicht geschossen zu haben, ihn als gefühlskalt abstempeln und die Befehlsverweigerung strafverschärfend werten?

Und: Die 1944 verhängte Sicherungsverwahrung sei nicht aufgehoben und deshalb erneut zu verhängen!?

Wollte man ihm am Ende auch noch die 5 Jahre aufdrücken wegen der »Plünderung«?

Er war bereit, für seine Tat zu büßen, aber am 11. Februar 1953 in einem deutschen Gerichtssaal solch ungeheuerlichen Vorwürfe zu hören … .

Sechs Jahre Zuchthaus konnte er akzeptieren, auch wenn ihm das Strafmaß sehr hoch schien. Aber die Begleittöne und vor allem die Begründung für die erneute Verhängung der Sicherungsverwahrung, sie brachten das Faß zum Überlaufen. Er sprang auf und machte der Gerichtsverhandlung ein Ende, indem er den Richter tätlich angriff.

Als Querulanten hatte man ihn bezeichnet. Ja, so sah er sich selbst auch. So hatte er sich in Frankreich gesehen. Und wäre er in Bergen-Belsen nicht Querulant gewesen, hätte er kaum eine Chance gehabt, den SS-Leuten zu entkommen.

Er war nicht zum Ja-Sager geeignet, und er war auch weiterhin bereit, gegen den Strom zu schwimmen, wo er das für richtig hielt. Das galt auch für den Landgerichtsdirektor und dessen Bemühen, ihn, Alfred Eder, zum Schweigen zu bringen.

Auch wenn du einen Doktortitel hast, dachte er, das wird dir nicht gelingen. So schnell ist ein Alfred Eder nicht mundtot zu machen. Du wirst noch erfahren, mit wem du dich hier angelegt hast.

Das waren seine ersten Gedanken, die ihm im Zuchthaus Butzbach durch den Kopf gingen. Butzbach, sechs Jahre Butzbach.

Es fiel ihm schwer, sich dort einzuleben. Weshalb? Weil er den Anstaltsleiter kannte. Weil er ihn aus der Wehrmachtsfestung Torgau kannte. Weil es derjenige war, der dort unter russischen Kriegsgefangenen grausam metzelte, indem er sie von Bluthunden jagen und zerreißen ließ oder eigenhändig erschoß.

Was war von solch einem Anstaltsleiter zu erwarten? Vielmehr: Was war eigentlich von einer Justiz zu erwarten, die einen Menschen mit solcher Vergangenheit zum Leiter einer Strafvollzugsanstalt gemacht hatte?

Ein halbes Jahr später stand Alfred Eder erneut in Wiesbaden vor Gericht. Wegen Widerstandes in Tateinheit mit Beleidigung wurde er zu einem Monat Gefängnis verurteilt.

Dann wurde es ruhiger um ihn. Nicht, weil man ihn klein gekriegt hatte, sondern weil er sich weniger oder nicht mehr provozieren ließ, sich stattdessen auf andere Dinge konzentrierte. Er begann seinen Schreibkampf gegen die Vorwürfe, die im Zusammenhang mit den Geschehnissen in Oradour standen, schrieb, wartete, schrieb, wartete.

Wochen vergingen, Monate. Seine Briefe und Eingaben wurden nicht weitergeleitet oder kamen nicht an oder wurden unterschlagen. Lange sah es so aus, als kämpfte er auf verlorenem Posten. Schließlich bekam er sogar Schreibverbot, jedenfalls indirekt:

»Was wollen Sie. Selbstverständlich dürfen Sie schreiben. Nur Papier und Schreibzeug dürfen Sie nicht besitzen! Also, dann schreiben Sie mal schön …«

Alfred Eder gab sich jedoch nicht geschlagen. Er hatte nichts zu verlieren. Er konnte nur gewinnen. Und er, der nach dem gegen ihn ergangenen Schandurteil, wie er es bezeichnete, für Schlagzeilen gesorgt hatte (*Ehemaliger KZ-Häftling greift Richter im Gerichtssaal an!*), fand einen Weg, die Aufmerksamkeit der Öffentlichkeit auf sich zu lenken. Es war ihm nämlich gelungen, ein Kassiber aus der Zelle nach draußen zu bringen und einem Rechtsanwalt zuzuspielen, von dem er Hilfe erwarten durfte.

Auf diese Weise geriet sein Fall in die Presse und verursachte dort erheblichen Wirbel. Der Justiz ging es allerdings zunächst einmal darum, nach dem zu fahnden, der den Justizskandal an die Öffentlichkeit gebracht hatte, statt sich um die Sache an sich und um diejenigen zu kümmern, die für den Skandal verantwortlich waren.

Alfred Eder wurde daraufhin nach Ziegenhain im Bezirk Kassel verlegt mit der Begründung, in Butzbach müsse ein untreuer Beamter sein, der für ihn Kassiber nach draußen bringe.

Zu spät: Die Lawine rollte bereits, und so sehr sich einflußreiche Juristen auch bemühten, sie aufzuhalten, indem sie die Vorgänge beschönigten, verschleppten oder totzuschweigen versuchten, es mißlang. Die Lawine forderte Opfer.

Was damals geschah, ist Alfred Eder heute noch in lebhafter Erinnerung:

»Ein jüdischer Rechtsanwalt aus Frankfurt, der selbst im KZ Eltern, Frau und Kinder verloren hatte, der hat sich uneigennützig für mich eingesetzt, hat für mich gekämpft, ohne einen Pfennig Honorar. Der hat ein Anklageerzwingungsverfahren gegen den Landgerichtsdirektor eingeleitet.

Zwei Staatsanwälte und ein Oberstaatsanwalt wurden schließlich gefeuert, das heißt aus dem Staatsdienst entlassen, ein Gerichtsassessor disziplinarisch bestraft. Der Landgerichtsdirektor hat den Ausgang dieses spektakulären Verfahrens allerdings nicht mehr erlebt. Der stahl sich vorher aus dem Leben.

Was mich betrifft, wurde dann festgestellt:

»Hätte Herr Eder damals den Unrechtsbefehl ausgeführt, wäre er heute schlecht dran. Nun verweigerte Herr Eder den Befehl und ist heute ebenfalls schlecht dran, weil man ihm das damalige Urteil strafverschärfend anlastet. Was also hätte Herr Eder damals tun oder unterlassen sollen, um heute nicht schlecht dran zu sein?«

Und aus anderer Feder stammt dieser Satz:

»Herr Eder hat als gewöhnlicher Soldat weit mehr Mut

und Verantwortungsbewußtsein bewiesen als seine damaligen Vorgesetzten und Richter.«

Auf meine Strafe hatten diese Aussagen allerdings keinen Einfluß. Sechs Jahre Zuchthaus für die kleinen Diebereien, die habe ich voll verbüßen müssen.

Alfred, so sagte ich mir nach der Entlassung, vielleicht gelingt es dir nach diesen Erfahrungen doch noch, irgendwo ein unauffälliges Leben zu führen, irgendwo auf dem Lande, ja, am liebsten auf dem Lande.

Ich ahnte damals nicht, daß ich mir den Zorn gewisser Bereiche der Justiz zugezogen hatte, daß es gar einige Herren gab, die ein großes und aus ihrer Sicht berechtigtes Interesse daran hatten, mich zum Schweigen zu bringen. Diesem ehemaligen KZ-Häftling und Gewohnheitsverbrecher, dem es selbst aus dem Zuchthaus heraus gelungen war, drei hochrangige Juristen aus dem Sattel zu werfen, dem wollte man noch solch einen Denkzettel verpassen, daß ihm für alle Zeiten die Lust daran vergehen würde, sich um Angelegenheiten zu kümmern, die ihn nichts angingen.

»In einer Zeit, wo der Bevölkerung pausenlos eingehämmert wird, Recht ist, was der Führer befiehlt, können auch Staatsanwälte und Richter irren und dem damaligen Rechtsdenken erlegen sein.«

So war es von höchstrichterlicher Stelle festgestellt worden.

Und dann kam solch ein hergelaufener Eder daher, nannte Namen, schilderte angebliche Greueltaten dieser Personen, zog Fotos und Skizzen aus der Tasche und sagte: »Hier müssen Sie graben, und dort: Dort liegen noch unentdeckte Massengräber. Ich weiß es, weil ich sie eigenhändig mit anlegen mußte.«

Sie seien nicht zuständig, und sie seien vor allem keine Archäologen.

Ja, genau das sagten sie mir. Und das hatte mir zu denken gegeben.

Der Mensch kann sich irren, sich verlaufen. Das ist menschlich. Er muß jedoch bereit sein umzukehren, sobald er das erkannt hat.

Solange die Schuldigen aber nicht bereit waren, ihre Fehler einzugestehen und gemeinsam zurückzufinden auf den Weg der Versöhnung, solange sie vielmehr versuchten, ihre Taten zu verbergen und obendrein den Opfern noch die Schuld zu geben, so lange würde ich das deutsche Verdrängungsgedächtnis nicht zur Ruhe kommen lassen. Das schwor ich mir.«

Kapitel 10

Nach der Entlassung aus dem Zuchthaus Ziegenhain fand Eder tatsächlich eine Beschäftigung in der Landwirtschaft, wenn auch nicht so, wie er sich das in langen Zellennächten erträumt hatte:

Eder erhielt die Auflage, auf einem Bauernhof in Riebelsdorf auf einer Stelle, die ihm von der Strafanstaltsfürsorge vermittelt worden war, zu arbeiten. Seine Arbeitsweise und sein Verhalten wurden überwacht. Beanstandungen ergaben sich nicht.

»Ja, das fand ich schnell heraus: Ich wurde überwacht.

Aber noch etwas viel bedeutenderes fand ich heraus, nämlich, daß ich in Lohn und Brot stand bei einem ehemaligen nationalsozialistischen Kreisbauernführer, bei einem Menschen, der nach Kriegsende zwei Jahre in Haft gewesen war. Nicht wegen Schwarzmarkthandel oder Eigentumsdelikten, nein, sondern weil er zu Hitlers Zeiten nach Deutschland verschleppte Arbeiter aus den Ostgebieten auf seinem Hof skrupellos ausgebeutet und gequält hatte.

Holzauge sei wachsam, sagte ich mir. Das kann doch kein Zufall oder Versehen sein, daß man dich als ehemaligen KZ-Häftling und Todeskandidaten gerade zu solch einer Bestie auf den Hof schickt. Das riecht doch geradezu nach Methode.

Ich ließ mir nicht anmerken, was ich wußte, gab niemandem Gelegenheit, mir gegen das Schienbein zu treten und war stets auf der Hut, nicht doch auf Sticheleien und Provokationen hereinzufallen.

Ich war mir ziemlich sicher, sie suchten einen Grund, mich wieder hinter Gitter zu bringen. Später gewann ich den Eindruck, sie wollten mich dazu bewegen, ins Ausland zu fliehen. Aber warum sollte ich fliehen? Vor dem ehemaligen Nazi-Kreisbauernführer? Aus Angst vor anderen Hintermännern, denen ich ein Dorn im Auge war?

Ob KZ oder nicht KZ. Ich bin Deutscher, und ich bekenne mich zu meinem deutschen Volk. Ich bekenne mich allerdings nicht zu dem Volk, in dessen Namen damals Recht gesprochen wurde, und da weiß ich mich mit Millionen guten Deutschen in bester Gesellschaft.

Also, weshalb sollte ich fliehen? Damit sie mich endlich los waren?

Die Rechnung gewisser Leute, denen ich unbequem war, war also offensichtlich nicht aufgegangen. Ich war gespannt, was sich tun würde. Es tat sich bald etwas: Mir wurde nahegelegt, das Land Hessen zu verlassen.

Zunächst wehrte ich mich dagegen, aber schließlich gab ich dem Drängen doch nach. Ich wollte endlich zur Ruhe kommen, wollte nicht ständig auf der Hut sein müssen vor Fallen, die sie mir stellten.

›Dem Angeklagten wurde gestattet, seinen Aufenthalt nach Buxtehude zu verlegen, um in die Nähe seiner Angehörigen zu kommen. Er kehrte aber bald wieder nach Hessen zurück, weil sich im Verkehr mit seinen Angehörigen Schwierigkeiten ergaben.‹

So liest sich dieses Kapitel später in einem Gerichtsurteil.

Dem Angeklagten wurde gestattet ... Nun, was hätten sie sonst auch schreiben sollen. Daß ich in Hessen unerwünscht war, weil ich zu gerne im braunen Sumpf herumstocherte?

Ich ging also nach Buxtehude; denn über die VVN hatte ich erfahren, daß meine Eltern und eine verheiratete Schwester dort lebten. Aber in Buxtehude war ich mittlerweile auch kein gern gesehener Gast. Ich hatte mich als Schwarzes Schaf entpuppt. Der Sohn der frommen Familie Eder hatte das eigene Nest beschmutzt.

›Jungchen, du hast uns viel Kummer bereitet.‹

Und der Schwager, mit dem sie unter einem Dach lebten? Was war mit dessen Weste? Was war während des Krieges geschehen an der kleinen Grenzstation in Litauen? Wer hatte da auf harmlose Grenzbewohner geschossen und warum?

Wenn ich dem Schwager nur in die Augen sah, war der Krach schon da. Das hielt ich nicht aus. Ich ging kurzentschlossen nach Hessen zurück, und das bedeutete: Zurück in die Höhle des Löwen.

In Rückershausen fand ich eine Bleibe. Ich wohnte dort zur Untermiete bei einer Witwe. Wir mochten uns, und es entwickelte sich bald zwischen uns so etwas wie ein Bratkartoffelverhältnis.

In Ziegenhain fand ich Arbeit in einer Landmaschinenfabrik. Die Arbeit gefiel mir.

›Mit Ihrer Arbeit sind wir immer zufrieden gewesen. Sie galten bei der Leitung des Betriebes und auch bei Ihren Arbeitskameraden als geschickter, fleißiger und zuverlässiger Arbeiter.‹

Ich hatte mein Auskommen und wußte, wo ich am Abend die Beine hochlegen konnte. Es gab für mich keinen Grund mehr, krumme Wege zu gehen. Ich führte sozusagen ein geregeltes, unauffälliges Leben.

Das ließ mich innerlich zur Ruhe kommen und führte auch dazu, daß ich immer weniger das Bedürfnis hatte, dem Alkohol zuzusprechen.

Das sollte sich jedoch bald wieder ändern.

Obwohl ich mir nichts zuschulden kommen ließ, hatte ich ständig mit der Polizei zu tun. Sie erschien am Arbeitsplatz oder mit einem Durchsuchungsbefehl in der Wohnung. Ohne mir Hintergründe zu nennen, mußte ich Alibis vorweisen. Und sobald im Dorf oder der näheren Umgebung eine strafbare Handlung begangen worden war, wurde ich der Tat verdächtigt.

Viehdiebstahl, Pferdemord auf einer Weide, Brandstiftung, Autodiebstahl, Demolieren von Autos, Abtöten der Leibesfrucht einer Schwangeren. Einem Postbeamten fehlten fünfzig Mark, ob ich nicht wüßte, wo die wären! Alles wollte man zunächst mir in die Schuhe schieben.

Immer wieder wurde ich deshalb zum Verhör auf die Polizeistation nach Ziegenhain gebracht oder fand mich auf dem Amtsgericht in Treysa wieder. In jedem Fall stellte sich heraus, daß ich nicht der Täter war, aber diese anhaltenden, willkürlichen Verdächtigungen und Hausdurchsuchungen hinterließen natürlich Spuren. Sie brachten erneut Unruhe in mein Leben und belasteten die Beziehung zu meiner Wirtin und Lebensgefährtin, natürlich auch die Situation am Arbeitsplatz. Welcher Arbeitgeber sieht es schon gern, wenn in bestimmten Abständen die Polizei bei ihm aufkreuzt und sich nach dem Arbeiter Eder erkundigt. Ob er dann und dann in der Firma gewesen sei und so weiter.

Der Dorfpolizist äußerte mir gegenüber in einem unbedachten Augenblick, die Stadtpolizei handele im Auftrag einer höheren Dienststelle. Das wiederholte er später auch als Zeuge vor Gericht. Er ließ ferner durchblicken, man suche einen Grund, mich wieder in Sicherungsverwahrung zu bringen.

Ich selbst sah mittlerweile in diesen Attacken gegen mich einen Versuch, mich dazu zu bringen, wieder aus Hessen zu verschwinden. Diesen Eindruck bestätigte bald darauf der Amtsrichter in Treysa. Er riet mir, den Kampf aufzugeben und das Bundesland Hessen zu verlassen.

Ich dachte nicht daran. Also ging die Hatz weiter.

Eines Nachts wurde ich vor der Haustür krankenhausreif geschlagen, von hinten, mit einem Knüppel. Dorfbewohner hatten den Täter erkannt. Er war, wie ich später erfuhr, von Unbekannten gedungen worden, vermutlich auf Veranlassung jener höheren Dienststelle. So verwunderte es mich auch nicht, daß die Stadtpolizei sich zunächst weigerte, die Anzeige gegen den brutalen Schläger aufzunehmen. Und was schrieb mir später das Amtsgericht?

›Herr Eder, auf Grund Ihrer Anzeige wegen schwerer Körperverletzung besteht zur Weiterverfolgung in Ihrem Fall kein öffentliches Interesse!‹

Natürlich! Kein öffentliches Interesse. Was hätte man der Öffentlichkeit denn auch erklären sollen!

Ja, und dann stellte man mir ein fremdes Fahrrad in den Keller und bezichtigte mich des Diebstahls. Damit, so glaubten gewisse Kräfte wohl, hätten sie mich in die Enge getrieben. Aber die Schlinge zog sich nicht zu. Der Geschädigte selbst hatte nämlich den tatsächlichen Dieb beobachtet und erkannt, so daß er mich entlasten konnte.

Ich hielt das alles nicht mehr aus (in den Gerichtsakten heißt das: *Die Überwachung war ihm lästig.*) und suchte erneut Trost im Alkohol. Oft vertrank ich mein ganzes Geld, so daß ich die Miete nicht mehr bezahlen konnte. Das führte zwangsläufig zu Spannungen und Auseinandersetzungen mit meiner Wirtin.

Es kam auch vor, daß ich nicht am Arbeitsplatz erschien, weil ich den Kopf noch voll Sprit hatte. Solch ein Tag wurde mir dann schließlich zum Verhängnis.

Was geschehen war?

In der Nacht vom 12. auf den 13. Juni 1961 hatte ich dem Alkohol wieder einmal übermäßig zugesprochen und meinen Rausch bei einem Bauern in Schreckensbach ausgeschlafen, war also nicht nach Hause gekommen. Am späten Vormittag machte ich mich zu Fuß auf den Weg. An eben diesem Vormittag wurde in einem Haus in Röllshausen eine Geldkassette mit 600 DM sowie eine Herrenjacke gestohlen.

Dieser Tat wurde ich verdächtigt und vier Tage später festgenommen.

Ich war nicht der Täter, ich konnte es vom zeitlichen Ablauf der Geschehnisse her gar nicht sein. Aus der Untersuchungshaft heraus schrieb ich mir die Finger blutig, aber die meisten meiner Briefe wurden gar nicht zugestellt, sondern mit fadenscheinigen Argumenten von der Beförderung ausgeschlossen und zu den Akten genommen.

Mein Rechtsanwalt bewies dem Gericht hieb- und stichfest, daß ich als Täter gar nicht in Frage kommen konnte. Dennoch wurde ich am 10. Oktober 1961 wegen schweren Diebstahls im Rückfall zu zwei Jahren Zuchthaus, Verlust der bürgerlichen Ehrenrechte für drei Jahre und erneut zu Sicherungsverwahrung verurteilt.

Ich ging in die Revision. Schwerwiegende Ermittlungsfehler wurden bekannt. In einem anonymen Schreiben meldete sich der wahre Täter, weil ihn das Gewissen drückte. Es gelang sogar, die Identität des anonymen Schreibers festzustellen. Dennoch wurde das gegen mich gefällte Urteil und auch das Strafmaß bestätigt. Das war am 21. März 1962.

Hier war in Namen des deutschen Volkes ein Unrechtsurteil gefällt worden. Niemand wußte das besser als ich. Und mein Rechtsanwalt hatte sich selbst davon überzeugen können.

Ein Unrechtsurteil, gefällt wider besseres Wissen. Unrechtsurteil, nicht Fehlurteil!

Fehlurteil, das kann vorkommen. Richter und Staatsanwälte sind auch nur Menschen. Niemandem steht auf die Stirn geschrieben, was dahinter vorgeht, und nirgendwo wird so viel gelogen wie vor Gericht.

Fehlurteil, das hätte ich vielleicht hingenommen, aber hier fand offensichtlich das seine Fortsetzung, was in den Monaten zuvor vorangegangen war. Was das Volk wohl dazu zu sagen gehabt hätte, in dessen Namen hier Unrecht gesprochen worden war.

Das alles muß auch für meinen Rechtsanwalt sehr deprimierend gewesen sein.

Ich war jedenfalls nicht gewillt, das Handtuch zu werfen. Ich würde weiterkämpfen, und zwar nicht in erster Linie um die *Freiheit*, sondern vielmehr um einen *Freispruch wegen erwiesener Unschuld*.

Na, mein lieber Zeitgenosse Eder, mag manch einer sagen, da hast du dir aber eine nette Geschichte zusammengesponnen. Aber nun laß es mal gut sein, so etwas ist doch in unseren Tagen nicht mehr möglich, nicht in einem Rechtsstaat, wie wir ihn heute haben.

Mein lieber Freund, muß ich ihm widersprechen, du hast ja keine Ahnung, was in unserem Land alles möglich ist, ja, wozu der Mensch fähig ist, wenn es um seinen Kopf und Kragen geht. Allerdings: Wenn ich all diese Geschichten nicht selbst erlebt und schwarz auf weiß hätte, würde es mir vermutlich auch schwer fallen, sie zu glauben.

Aber die Geschichte ist ja noch längst nicht zu Ende.

Mir unverständlich war, weshalb man mich, der ich doch zu zwei Jahren Zuchthaus verurteilt worden war, aus diesen Mauern herausholte und in die halboffene Sicherungsverwahranstalt Kornhaus in Ziegenhain brachte. Von dort aus durfte ich sogar – trotz verhängter Sicherungsverwahrung – täglich mit dem Linienbus zur Arbeit in die achtzehn Kilometer entfernte Eisengießerei nach Stadt-Allendorf fahren. Es wäre mir also ein Leichtes gewesen, mich abzusetzen. Aber vielleicht war es gerade das, wozu man mich animieren wollte!? -

Nein, ich kehrte Abend für Abend brav in die Anstalt Kornhaus zurück.

Während dieser Zeit kämpfte ich um eine Wiederaufnahme des Verfahrens. Vergeblich!

Obwohl ich bewiesen hatte, daß ich arbeiten konnte und wollte, erklärte man mich dann eines Tages für *krank* und versuchte, mich in der Heil- und Pflegeanstalt Hephata in Treysa unterzubringen.

Heil- und Pflegeanstalt? Diesen aufmüpfigen Alfred Eder, der einfach keine Ruhe geben wollte, dem selbst nicht mit Zuchthaus und Sicherungsverwahrung beizukommen war, nun hinter Schweigemauern verschwinden lassen?

Meine Angst davor war unbegründet. Ich hatte Gelegenheit, dem Chefarzt von meiner Vergangenheit zu erzählen. Mit ihm konnte ich auch offen über meine Alkoholprobleme reden.

›Herr Eder‹, sagte er mir, ›Sie gehören nicht zu den Kranken meiner Anstalt, sondern in ein Nervensanatorium. Sie brauchen keine Angst zu haben, ich nehme Sie nicht auf.‹

Zwei Packungen mit jeweils 250 Tabletten drückte er mir in die Hand. Nervenberuhigungstabletten. Die würden mir für's erste helfen, meinte er.

Den Beamten, der mich nach Treysa gebracht hatte, forderte er auf: ›Bringen Sie den Mann wieder zurück. Der gehört nicht hierher!‹

Der gute Mann wußte gar nicht, wie ihm geschah. Er stand noch mit offenem Mund da, als der Arzt die Tür zu seinem Sprechzimmer längst zugezogen hatten. Wie er da so stand, die Mütze tief im Genick, den Mund voller Widerrede und der Blick starr vor Panik.

Ich konnte mich nicht mehr beherrschen und mußte laut lachen. Das riß ihn aus seiner Starre. Er drehte sich zu mir um und musterte mich, als wollte er sagen: Na, hier scheint sich der Arzt aber geirrt zu haben. So blöde, wie der lacht?

Er schüttelte den Kopf und keifte dann plötzlich: ›Kommen Sie mit!‹

Da hatte sich also der eine oder andere zu früh die Hände gerieben. Erstaunte Gesichter jedenfalls, als ich nach Kornhaus zurückkehrte.

Die Kosten für einen Sanatoriumsaufenthalt übernahm die Justizbehörde nicht. Den Querulanten Eder auch noch gesund zu machen, das war wohl nicht gerade ihr Anliegen. Stattdessen unternahm sie einen zweiten Versuch, mich hinter die Mauern der erwähnten Heil- und Pflegeanstalt zu bringen. Als auch dieser zweite Anlauf mißlang, wurde ich auf freien Fuß gesetzt und aufgefordert, den Bezirk Ziegenhain zu verlassen, und das noch mit der Auflage, nicht auf eigene Faust Ermittlungen anzustellen. Ferner mußte ich mich schriftlich verpflichten, über das Marburger Urteil 6 KLs 4/61 Stillschweigen zu bewahren.

Das war im Februar 1965.«

Kapitel 11

»Ich verließ also Ziegenhain. Die Justizbehörde hatte mir eine Arbeit als Hausmeister vermittelt, auf einem Gut in der Nähe von Bad Wildungen. Dort wohnte ich gleichzeitig. Zum Gut gehörte auch ein Kurheim, eine christliche Einrichtung, jedenfalls dem Äußeren nach.

Die Gutsbesitzerin unterhielt enge Kontakte zur Justiz, von der sie billige Arbeitskräfte wie mich zugewiesen bekam.

Den Heizkessel bedienen, Schnee fegen, Gehwege streuen, Wasserlauf und Wehr von Laub und Unrat reinigen, Koks fahren, Schweineställe ausmisten, Schweine und Pferd füttern, Reparaturen aller Art. Sozusagen Mädchen für alles war ich und hatte Freude an dieser Arbeit.

Und doch fiel ich schnell in Ungnade bei meiner Chefin. Zum einen, weil ich hin und wieder einen kräftigen Schluck aus der Flasche genommen hatte, was mir untersagt worden war (*Dem Verurteilten wird zur Auflage gemacht, jeden Alkoholgenuß strikt zu unterlassen)*. Zum anderen – und das wog vermutlich schwerer – weil ich öfter Besuch bekam, Besuch, bei dem es um mein verzweifeltes Bemühen ging, das Marburger Urteil als Fehlurteil zu entlarven.

Schließlich bekam ich es auch auf dieser Arbeitsstelle mit der Polizei zu tun. Diesmal hatte man mir zwar kein gestohlenes Fahrrad in den Keller gestellt, dafür ein gestohlenes Auto auf den Gutshof.

Ich und ein Auto stehlen? Ich besaß ja nicht einmal

einen Führerschein, geschweige denn wußte ich, wie man mit solch einem Gefährt umgeht.

Das besagt nichts, hieß es.

Zu meinem Glück konnte ich nachweisen, daß ich zur fraglichen Zeit mit dem Pferd auf dem Feld gearbeitet hatte.

Aber das Gerede war da, und die Leute sperrten wieder die Mäuler auf, wie das besonders auf dem Land zu beobachten ist, wenn die Polizei erscheint. Polizei – da können die Hälse nicht lang genug werden.

Durch einen schweren Arbeitsunfall wäre ich auf diesem Gut beinahe zu Tode gekommen. Bei Reparaturarbeiten war ich aus acht Metern Höhe vom Scheunenfirst gefallen. Mir war schwindelig geworden, und ich hatte den Halt verloren. Später erfuhr ich, daß das mit den Tabletten zusammenhing, die ich in Treysa bekommen hatte und in gewissen Abständen einnehmen mußte. Ich hatte Tabletten geschluckt und anschließend Alkohol getrunken. Oder erst Schnaps und dann die Tabletten. Aber egal in welcher Reihenfolge, Tabletten und Alkohol, das verträgt sich nicht.

›*Es trinkt der Mensch, es säuft das Pferd; bei mir war's sehr oft umgekehrt.*‹ – Das hätte mich Dummkopf fast das Leben gekostet. Fünf gebrochene Rippen, erhebliche Prellungen, mehrere Platzwunden und Hautabschürfungen sowie einen Bluterguß am Hinterkopf. In diesem Zustand kam ich am 26. Juni 1965 nach Bad Wildungen ins Krankenhaus.

Und doch hatte ich noch Glück im Unglück gehabt. Abgesehen davon, daß ich mir hätte das Genick brechen können, war ich nur einen Schritt neben Eggen aufgeschlagen, die mit den Zinken nach oben vor der Scheune lagen.

Und alles nur, weil ich wieder dem Teufel Alkohol auf den Leim gegangen war, diesem Satan, der nicht tröstet, sondern Kummer bereitet; der stark und müde zugleich macht; der Liebe heuchelt und zu strafbaren Handlungen verleitet; der Freiheit verspricht und Zuchthaus meint; der lockt, so wie er schon Jesus für sich gewinnen wollte: *Wenn du mich anbetest, sollst du alles haben, was dein Herz begehrt.*

Und wenn man sich tatsächlich mit ihm einläßt, erhält man in der Tat etwas, allerdings nicht, was das Herz begehrt, sondern Gitterstäbe vor die Fenster und einen Tritt ins Kreuz, daß man vom Dach stürzt und die Rippen nur so krachen, fünf auf einen Streich.

Während der Zeit im Krankenhaus wurde mir deutlich: Ich konnte nicht so weiterleben wie bisher. Sämtliche Versuche, in der Strafsache Marburg mein Recht zu bekommen, waren gescheitert. Und gegen die Mörder aus der Nazizeit, das spürte ich, würde ich doch nicht ankommen. Es waren zu viele, und vor allem: Sie saßen schon wieder zu fest in ihrem Sattel.

Ich war müde, krank. So konnte es nicht weitergehen. Mein Leben mußte eine neue Richtung bekommen. Das bedeutete zunächst einmal: Ich konnte nicht länger auf diesem Gut bleiben.

Als ich am 19. Juli 1965 aus dem Krankenhaus entlassen wurde, in ein Korsett gezwängt und arbeitsunfähig, kündigte ich. Ich wollte endlich in Ruhe und Frieden leben, eine Frau finden, vielleicht eines Tages eine Familie haben.

Ich ging nach Hamburg.«

Kapitel 12

»In Bahrenfeld fand ich sofort Arbeit in einer Fabrik. Diesmal nicht über heiße Drähte der Justizverwaltung, sondern mit Hilfe des Arbeitsamtes.

Ich war gewissenhaft, fleißig und bemüht, meine Arbeit gut zu machen. Wenn die Arbeiter nach der Tagesschicht bestrebt waren, so schnell wie möglich vom Hof zu kommen, sah ich noch hier und da nach dem Rechten, weil das Werk ziemlich einsam lag. Mich drängte es nicht, nach Hause zu kommen, denn mein Zuhause war mehr Notunterkunft als ein Zimmer, in dem man sich hätte wohlfühlen können.

Innerhalb kürzester Zeit hatte ich mich dann zum Hochdruckkesselwart hochgearbeitet, das heißt, bereits nach vier Wochen Betriebszugehörigkeit wurde ich zum Heizer für die Hochdruckkesselanlagen ausgebildet. Die Gewerkschaft bezahlte einen Teil dieser Ausbildung. Die Prüfung bestand ich mit ›gut‹.

Meine Vorstrafen hatte ich wohlweislich verschwiegen. Ich war nicht danach gefragt worden. Aber wäre das der Fall gewesen, dann hätte ich, ehrlich gesagt, genau so heimtückisch und dreist gelogen wie Satan Alkohol mit seinen leeren Versprechungen. Denn ich kenne die Menschen, speziell die *Freundlichkeit* der Arbeitgeber, wenn ich gesagt hätte: Ich bin vorbestraft, war wegen Diebstahl im Zuchthaus und sogar in Sicherungsverwahrung, was gleichbedeutend ist mit gemeingefährlichem Gewohnheitsverbrecher.

Entweder wird der Arbeitgeber dann ungemütlich, weil ich es überhaupt wage, als ehemaliger Knacki in seinem ordentlichen Betrieb unterzukommen, oder er fängt plötzlich wie Satan Alkohol freundlich und heimtückisch zu lügen an, indem er sich plötzlich *besinnt*, daß die Stelle ja leider bereits besetzt ist. Aber so viel er wüßte, würden da und dort dringend Arbeitskräfte benötigt. Guter Stundenlohn, kostenloses Kantinenessen, Arbeitskleidung von der Firma, sogar gewaschen und gebügelt, und selbst ein firmeneigenes Zimmer könnte man haben, sofern man ledig sei …

Es gab und gibt Dumme, einer davon war ich selbst einmal, die sich für solch einen heißen Tip auch noch bedanken und sich sofort auf den Weg machen, um dann überrascht festzustellen, daß es die besagte Firma gar nicht gibt. Das passierte mir 1951 in Gießen, als ich nach drei Jahren Zuchthausstrafe Arbeit suchte und unumwunden meine Vorstrafen zugab.

In Hamburg, da hätte ich gelogen. Ja, das hätte ich.

Bald darauf war dann aber doch bis zur Werksleitung durchgesickert, was für einen Mann sie da eingestellt und zum Heizer ausgebildet hatte, aber im Großen und Ganzen brachte mir das keine Nachteile. Die Herren hatten mich zwischenzeitlich kennengelernt und sich selbst ein Bild machen können. Außerdem hatte ich Gelegenheit, ihnen die Sache mit dem Fehlurteil zu erklären. Die letzte rechtmäßige Verurteilung war also 1952 erfolgt. Somit war ich praktisch vierzehn Jahre straffrei.

Eines Tages wurde die Dienstwohnung des Platzmeisters frei. Ich bewarb mich darum, aber da gab es ein großes Problem. Diese Wohnung war nur für ein Ehepaar bestimmt; denn die Frau sollte die Reinigung der Büroräume übernehmen, wie das bisher geschehen war. Ich war jedoch ledig.

Nach all den ruhelosen Jahren sehnte ich mich nach einem gemütlichen Heim. Hier war nun eines zum Greifen nahe …

Was tun?

Ich log, indem ich vorgab, eine Braut zu haben. Wir hätten nur noch nicht heiraten können, weil uns zu unserem Glück eine geeignete Wohnung fehlte.

›Wunderbar, Herr Eder‹, erklärte daraufhin der Betriebsleiter, der mich wegen meiner Gewissenhaftigkeit und überhaupt gut leiden konnte.

Er legte ein Wort für mich ein, und ich bekam die Wohnung.

Meine Arbeitskollegen spien Gift und Galle, als sie davon erfuhren. Sie, die dem Betrieb schon Jahre angehörten, hatten das Nachsehen. Ich dagegen rieb mir die Hände. In die Freude über meinen Erfolg mischte sich jedoch das Problem mit der Ehefrau, die die Büroräume säubern sollte.

Ich nahm mein Problem mit in meine Stammkneipe, einem kleinen Lokal in einer Gartenkolonie, und legte es auf den Tresen.

›Wenn ich keine Frau vorweisen kann, kriegt am Ende doch ein anderer diese schöne Wohnung‹, erklärte ich der Wirtin.

›Alfred‹, sagte sie und legte mir die Hand auf die Schulter, ›ich glaube, ich kann dir helfen.‹

Ich sah sie aus großen Augen an.

›Ja‹, fuhr sie fort, – und am Klang ihrer Stimme merkte ich, daß sie keinen Witz mit mir machte – ›ich weiß da eine Frau, die wie du eine Wohnung sucht und gerne heiraten möchte. Vielleicht ist das ein Weg. – Komm morgen abend wieder. Ich arrangiere das.‹

Tags darauf führte die Wirtin mich in ein Nebenzimmer.

›Das ist Elke, von der ich dir erzählt habe‹, sagte sie.

Ich fühlte mich einen Augenblick überrumpelt und zugleich angenehm überrascht. Elke war mindestens zehn Jahre jünger als ich. Sie sah gut aus, trug das lange blonde Haar hochgesteckt.

Im Vergleich zu der robusten Maria, mit der ich in Hessen zusammengelebt hatte, wirkte Elke beinahe zierlich. Kein schlechter Fang, dachte ich bei mir. Alfred, warum sollst du dich mit einer alten Kuh begnügen, wenn du ein junges Rind haben kannst.

Aber mit diesem Rind, das ein zum Streicheln und Schmusen einladendes Fell und schneeweiße, gepflegte Hände hatte und herausfordernd geschminkt war, mit eben diesem jungen Rind sollte ich noch bittere Erfahrungen machen.

Während die Wirtin Hähnchen, Pommes frites und Wein auftischte, beschnupperten wir uns. Mir war die ganze Situation doch irgendwie peinlich. Da saß ich einer Frau gegenüber, der ich noch nie begegnet war, und es ging um die Frage: Wollen wir einander heiraten?

Ich merkte sehr schnell, daß Elke bereits bestens informiert war, was meine Situation anging. Das verstärkte mein Unbehagen noch. Ich wußte gar nicht recht, was ich sagen sollte. In meiner Hilflosigkeit blickte ich immer wieder auf ihre zarten, weißen Hände und mußte dabei an die schwieligen Hände meiner Maria denken.

›Was druckst du so herum‹, griff die Wirtin ein, als sie uns einschenkte, ›gestern konntest du reden wie ein Buch. Heute sitzt du da, als wenn du nicht bis drei zählen kannst.‹

Ich dachte, mich träfe der Schlag, riß die Augen auf, schaute erst die Wirtin an, dann Elke. Beide fingen wie auf Kommando laut zu lachen an, ohne rot zu werden. Ich stimmte in das Gelächter ein, und das Eis war gebrochen.

Die Wirtin ließ uns daraufhin allein.

Seit ich Kesselwart war, hatte ich das Trinken erheblich eingeschränkt. Während der Arbeit rührte ich keinen Tropfen an. Sonst wäre ich auf der Stelle gefeuert worden. Ob ich Trinker sei, war ich vor der Ausbildung zum Kesselwart gefragt worden. Ich hatte sofort geschaltet und die Frage verneint. Nun galt es, sich am Riemen zu reißen; denn ich wollte den gutbezahlten Posten unter keinen Umständen verlieren.

Seit ich weniger trank, besaß ich auch stets Geld, sogar mehr, als ich alleine hätte verbrauchen können.

Zur Feier des Tages floß jedoch an diesem Abend der Alkohol reichlich: Wein, später auch Likör. Ich wollte mich nicht lumpen lassen, mich von einer guten Seite zeigen. Schließlich ging es darum, diese Frau für mich zu gewinnen. Ja, ich konnte mir vorstellen, mit solch einer Frau zu leben, nach der sich die Männer auf der Straße umdrehen würden.

Elke hörte die Geschichte noch einmal aus meinem Munde. Zu vorgerückter Stunde – ich hatte inzwischen erfahren, daß sie in einem Lager wohnte und als Verkäuferin arbeitete – machte ich ihr den Hof.

Dann bat ich sie, mir zu sagen, was sie denn von mir hielte, einerlei, wie dieses Urteil auch aussähe.

Sie lachte unbefangen und meinte dann, sie sei erstaunt, daß ich als einfacher Arbeiter vom Lande solch gute Umgangsformen besäße. Ich sei zwar etwas nervös, ihr aber sehr sympathisch.

Und dann in gutbezahlter, fester Arbeit stehen, das sei doch etwas. Ob sie die Dienstwohnung mal sehen dürfte …

Nichts leichter als das!

Bereits am folgenden Tag besorgte ich die Wohnungsschlüssel und zeigte Elke, was sie sehen wollte: Zwei Zimmer, Küche, Bad, Toilette, Vorflur, Heizung. Schöne große Stallung dabei, wo ich ein Schwein, eine Ziege und Karnickel hätte halten können. Garage. Ein gepflegter, großer Garten mit Obstbäumen und Wäschetrockenplatz. Licht und Heizung frei. Monatsmiete vierzig Mark.

›Das ist wie die berühmte Rosine im Kuchen‹, schloß ich unseren Rundgang.

Elke war begeistert und sagte auf der Stelle ›Ja‹ zu meinem Heiratsantrag.

Stolz wie ein Pfau nahm ich sie dann gleich an die Hand und führte sie in das Werksbüro.

›Das ist meine Verlobte, von der ich Ihnen im Zusammenhang mit der Dienstwohnung erzählt habe‹, erklärte ich dem Betriebsleiter. Er staunte nicht schlecht. Darüber gab es keinen Zweifel.

›Herr Eder, was haben Sie für eine hübsche Frau. Sie haben es ja faustdick hinter den Ohren. Das hätte ich Ihnen gar nicht zugetraut.‹

Er lachte, zwinkerte mir zu und fuhr dann fort: ›Ja, stille Wasser haben tiefe Gründe. Man sollte mehr sein als scheinen.‹

Ich fühlte mich als Hahn im Korb. Mein Ansehen war gestiegen. Elke verpflichtete sich auf der Stelle und ohne Wenn und Aber, die Reinigung der Büroräume zu übernehmen. Daraufhin wurden mir die Wohnungsschlüssel überlassen.

Vierzehn Tage später waren wir verheiratet. Das geschah am 29. November 1965 vor dem Standesamt im Rathaus Altona.

Einen guten Küchenschrank, einen ausziehbaren Wohnzimmertisch und zwei Klubsessel hatten uns die Eltern geschenkt. Der Betriebsleiter ließ uns einen weißen JUNO-Kochherd in die Küche stellen. Vom Herrn Pfarrer aus Bahrenfeld bekamen wir Federbetten, Bettwäsche und zwei Decken geschenkt. Elkes Eltern überließen uns Töpfe, Teller, Tassen, Besteck und allerhand Kleinkram, den man im Haus so gebrauchen kann.

Damals standen mir nach langer Zeit wieder Tränen in den Augen. Ich weiß heute noch, daß mir bewußt wurde: Es gibt doch noch gute Menschen.

Kleiderschrank, Wohnzimmerschrank, Betten, Flurgarderobe, Teppiche, Gardinen und vieles andere kaufte ich auf Teilzahlung, alles in allem fünftausend Mark Schulden, aber in einem Jahr hätten wir das leicht abzahlen können. Ich hatte einen guten Stundenlohn, und weil es im Kesselhaus nur zwei Arbeitsschichten gab und ich mir die Arbeit mit nur einem anderen Heizer teilte, hatte mein Arbeitstag zwölf Stunden. Da kam ein nettes Sümmchen zusammen.

Es hatte alles so verheißungsvoll angefangen in Hamburg, und es hätte alles gut werden können, wenn ...

Kehrte ich abends müde von der schweißtreibenden Arbeit heim, war meine Frau fort. Mein Essen mußte ich mir selbst machen. Irgendwann spät nachts schlich sie sich ins Haus und unter ihre Bettdecke. Einmal war sie bei ihren Eltern gewesen, das andere Mal bei ihrem Bruder oder anderen Verwandten.

Ein paar Tage schaute ich mir das still und geduldig an. Nachdenklich wurde ich erst, als ich zufällig von ihren Eltern erfuhr, daß sie gar nicht dort gewesen war. Als dann ihre beiden sechzehn und achtzehn Jahre alten Söhne, die Elke mir vor dem Ja-Wort verschwiegen hatte, und die nun mit uns zusammen wohnten, ihrer Arbeit nicht mehr nachgingen, sondern nur noch zu Hause herumlungerten, stellte ich alle drei zur Rede. Was dabei herauskam? Die Kinder schlugen mich mit einem Kochtopf krankenhausreif. Ich wehrte mich nicht. Ich war vorbestraft und hatte Angst, wieder als der Dumme dazustehen, wenn es Kleinholz gegeben hätte. Mir hätte man in jedem Fall weniger geglaubt als Elkes Kindern.

Aber es gab noch mehr, das seine Schatten auf meine erst wenige Tage alte Ehe warf und für Unruhe sorgte:

Vor unserem Gang zum Standesamt suchte ein Polizeibeamter meine zukünftigen Schwiegereltern auf und erklärte ihnen, wer da ihre Tochter heiraten wolle: Ein Vorbestrafter, der im Zuchthaus gesessen hat, in Sicherungsverwahrung gewesen ist. Ein Trinker. Ein Querulant. Einer, der gegen den Staat kämpfe.

Elke erfuhr dasselbe auf einem Polizeirevier, wohin sie bestellt worden war.

Der Betriebsleiter wurde ebenfalls darüber aufgeklärt, wen er sich da zum Hochdruckkesselwart hatte ausbilden lassen. Aber das Aufkreuzen der Polizei am Arbeitsplatz beeindruckte ihn nicht. Er dachte nicht daran, mich wegen meiner Vergangenheit vor die Tür zu setzen.

Dann wurde ich selbst vorgeladen und vernommen. Wie Jahre zuvor im Hessischen: Wo waren Sie dann und dann?

Ich gab an, daß ich zur fraglichen Zeit an meinem Arbeitsplatz gewesen war und konnte Zeugen nennen.

Zwei Polizeibeamte, die mich im Streifenwagen zurück in den Betrieb brachten, konnten sich davon überzeugen, daß meine Angaben stimmten.

Auch meine betagten Eltern blieben nicht verschont. Ein Polizeibeamter zeigte ihnen mein Paßbild. Ob sie den Mann kennen würden und Angaben über seinen Aufenthalt machen könnten. Dieser Mann würde polizeilich gesucht. – Dabei war ich in Hamburg gemeldet und hatte eine feste Arbeitsstelle.

Was soll das alles! dachte ich. Das ist doch die Handschrift der Herren aus Marburg und Umgebung. Hört denn diese Hexenjagd niemals auf?

Als ich eines Nachts von der Arbeit kam, waren sämtliche Fensterscheiben meiner Dienstwohnung zertrümmert und die Wohnung verwüstet. Die Schränke waren durchwühlt, die Schubladen herausgerissen und ausgekippt.

Es fehlte nichts. Das verwunderte mich nicht. Ich wußte, was die Einbrecher gesucht und nicht gefunden hatten: Akten und sonstige Unterlagen aus der Zeit meiner Zugehörigkeit zur Fahndungsgruppe der VVN. Aber diese Unterlagen hatte ich längst fortgeschafft, nämlich noch bevor ich nach Hamburg gekommen war.

Mir war auch klar, in welchen Reihen die Einbrecher zu suchen waren, und so stand von Anfang an fest, daß die Ermittlungen der Staatsanwaltschaft ergebnislos verlaufen würden.

Zu allem Übel hielt Elke sich nicht an die Abmachung. Nicht einen Finger machte sie krumm, was die Büroräume des Betriebes anging. Das brachte mich in arge Schwierigkeiten. Anders ausgedrückt: Ich mußte die Wohnung räumen.

Da stand ich also mit meinem Hausrat für fünftausend Mark und all den anderen Sachen, stand allein auf der Straße und wußte nicht wohin. Und meine Frau war nach nur vierzehntägiger Ehe abgehauen.

Damals wäre ich beinahe reif gewesen für die Heil- und Pflegeanstalt. Allein die Blamage den Herren des Betriebes gegenüber. Die hämische Grinserei der Arbeiter. Das hätte mich bald wahnsinnig gemacht. Alles hatte so wunderbar angefangen. Jetzt konnte ich keinem Menschen mehr in die Augen schauen.

Ich bin dann umhergelaufen und habe wiederholt versucht, die Möbel zu verkaufen. Es war alles vergeblich. Die Möbelfirma weigerte sich, die Sachen zurückzunehmen, sie wollte ihr Geld.

Ich konnte die neuen Möbel doch nicht gut auf den Hof des Betriebes stellen.

Nach hartnäckigem Bemühen gelang es mir schließlich, einen Einweisungsschein für Verheiratete für das Arbeits- und Soziallager Finkenwerder zu bekommen. Am siebenten Januar 1966 zog ich um.

Von Bahrenfeld bis zum Fähranleger Teufelsbrück ist es ein weiter Weg. Von dort geht es dann noch mit dem Dampfer über die Elbe und durch den Rüschkanal.

Als ich das letzte Teil meiner Habe in die enge Lagerbaracke gestopft hatte, war ich am Ende meiner Kräfte. Ich setzte mich neben die Barackentür und hatte diesmal mehr als feuchte Augen.

Die Frau weg. Einen Berg Schulden. Anstelle der schönen und preiswerten Dienstwohnung eine notdürftige Unterkunft in einem Durchgangslager.

Aus der Traum von einem Schwein und Karnickeln im Stall. Von heute auf morgen weggewischt der Silberstreifen am Horizont. Stattdessen Sorgen, die in keinen ostpreußischen Hafersack hineingepaßt hätten, und wer die Bauern aus der Kornkammer meiner Heimat kennt, weiß, daß das keine kleinen Säcke sind. Zukunft? Ich fühlte, wie der Boden unter meinen Füßen wieder bedrohlich zu schwanken begann.

Die erste Fähre von Finkenwerder ging um fünf Minuten vor Sechs. Um sechs Uhr aber begann bereits die Tagesschicht. Das war zeitlich beim besten Willen nicht zu schaffen.

Hinzu kam, daß der Betrieb einen der beiden Heizer auf dem Firmengelände haben wollte, damit er im Notfall zur Hand sein konnte.

Obendrein verlor ich also auch noch meinen gutbezahlten Arbeitsplatz.

Und dann waren die unerträglichen Kopfschmerzen wieder da, an denen ich seit Kriegsende litt. Innerhalb kürzester Zeit konsumierte ich eine halbe Packung der Tabletten, die ich in Treysa erhalten hatte und in bestimmten Abständen einnehmen mußte. Aber auch die halfen bald nicht mehr.

Deshalb griff ich wieder zum Tröster Alkohol, auch wenn ich genau wußte, daß von ihm keine Hilfe zu erwarten war. Im Gegenteil, er zog mir noch die letzten paar Mark aus der Tasche.

Kaum wohnte ich ein paar Tage im Lager, erhielt ich vom Blockwart ein Schreiben:

›Es ist bekannt geworden, daß Ihre Familie getrennt von Ihnen lebt. Die Unterkünfte unseres Lagers sind nur für solche Ehepaare bestimmt, die auch tatsächlich zusammen wohnen. Sie werden aufgefordert, innerhalb 4 Wochen die Lagerunterkunft zu räumen, anderenfalls werden sich Zwangsmaßnahmen nicht vermeiden lassen.‹

gez. Unterschrift (Der Lagerleiter)

Mein Gott! mußte ich denken. Aber Gott schwieg zu all dem.

Jetzt hing ich also völlig in der Luft. Der letzte Ausweg wäre ein Männerlager in der Kieler Straße gewesen, aber dort gab es keine Gelegenheit, meine Sachen unterzustellen.

Wie ein Jagdhund bin ich umhergerannt auf der Suche nach einer Wohnung. Ich hätte sofort eine Wohnung haben können: 250, 300, 280, 350 Mark Monatsmiete, Baukostenzuschuß 10000 DM oder Mietvorauszahlung für ein Jahr und ähnliche Dinge mehr. Wie hätte ich dieses Geld aufbringen sollen?

In meiner Verzweiflung machte ich mich fieberhaft auf die Suche nach meiner Frau. Ich hoffte, sie überreden zu können, zu mir zurückzukehren. Immerhin war sie doch meine mir angetraute Frau. Dann wäre mir wenigstens das Dach über dem Kopf geblieben.

Dann stand der Gerichtsvollzieher in der Barackentür und wollte die nagelneuen Möbel pfänden, die mir noch gar nicht gehörten. Doch nicht genug damit: Er offenbarte mir, meine Frau hätte viertausend Mark Schulden, für die ich als ihr Ehemann mit aufkommen müßte. Vom Kosmetiker angefangen über Mietschulden und Einkäufe bis hin zum Pelzgeschäft.

Diese Hiobsbotschaft war ein Grund mehr, sie zu suchen, weil ich wirklich so naiv war zu glauben, sie würde zu mir zurückkehren.

Heute weiß ich, daß Elke, die schon zweimal verheiratet gewesen war, keinen Mann suchte, sondern eine Wohnung und einen Ernährer für sich und ihre Kinder. In mir hatte sie diesen Dummen gefunden. Ich Narr! Wie hatte ich mich nur auf diesen Kuhhandel einlassen können?

Jetzt saß ich in den Nesseln und sah keinen anderen Ausweg, als Elke zurückzugewinnen.

Ende Februar oder Anfang März 1966, wieder einmal unterwegs, um sie zu finden, wurde ich unfreiwillig zum Lebensretter:

Am Fähranleger Finkenwerder war eine ältere Frau in den Rüschkanal gefallen. Ohne lange zu überlegen, sprang ich, so wie ich war, hinterher. Eiskalt war das Wasser. Zusammengepapptes Graupelzeug schwamm darin herum. Ich packte die Frau, die nicht schwimmen konnte, und brachte sie in Rückenlage an die Wand des Pontons. Unter dem Beifall der Menschenmenge zogen uns zwei kräftige Männer, die auf dem Dampfer Dienst taten, mit Enterhaken auf den Ponton. Ich war restlos erschöpft.

Weil Unterkühlungsgefahr bestand, wurden wir beide, ob wir wollten oder nicht, ins Krankenhaus geschafft. Dort stellte sich heraus, daß beim Heraufziehen aus dem Wasser mein Korsett zerrissen war, das ich wegen der Rippenbrüche noch tragen mußte. Und die Rippen hatten wieder einen Knacks bekommen.

›*Bravo Alfred!*‹ und ›*Der Retter sprang sofort hinterher.*‹

Die Zeitungen berichteten ausführlich über dieses Ereignis. Als ich wenige Tage später aus dem Krankenhaus entlassen wurde und ins Lager zurückkehrte, fand ich zwei Briefe vor. Einer war an mich gerichtet, der andere an meine Frau.

Hamburg, den 6. März 1966

Sehr geehrter Herr Eder,

durch Zufall erfuhr ich aus der Tagespresse von Ihrer mutigen Rettungstat. Bravo! Nehmen Sie auch von uns die herzlichsten Glückwünsche entgegen. Wir sind immer froh darüber, daß es in der heutigen schnellebigen Zeit doch noch Menschen gibt, die sofort bereit sind, sich einzusetzen, wenn andere sich in Not und Gefahr befinden.

Wir sind eine Gruppe von Idealisten, die in guten und in schlechten Zeiten treu zusammenhalten. Wir sind Menschen aus allen Schichten; Arbeiter, Handwerker, Anwälte, Intellektuelle usw., in deren Kreis auch Sie sich wohlfühlen würden. Werden Sie bitte auch Mitglied.

Haben Sie irgendeinen Wunsch? Rauchen Sie? Haben Sie einen Schallplattenspieler? Möchten Sie einen guten Portwein?

Sie dürfen das ruhig und unbefangen schreiben.

(Unterschrift) Direktor Harry Gondi
Präsident und 1.Vorsitzender der
›Kameradschaft der Lebensretter e.V.‹

Seinem Schreiben hatte der Präsident Gondi eine Fotografie beigelegt, die ihn mit seinem Freund, dem ›Seeteufel‹ Graf von Luckner zeigte.

Alfred, sagte ich mir, wer solche hohen Herren zum Freund hat, der müßte dir helfen können.

Ich feuerte Tabletten, Bierflaschen und Wacholderfusel in die Ecke und fing an zu schreiben.

Ich bedankte mich für seinen freundlichen Brief und schrieb ihm unter anderem, daß ich weder einen Plattenspieler noch sonst etwas benötigte und wollte, weil das, was ich in Not und Gefahr getan hatte, meine Pflicht gewesen wäre und jeder ordentliche Mensch genauso gehandelt hätte.

Was mir jedoch furchtbar zusetze, sei …

Und dann beschrieb ich ihm in allen Einzelheiten meine ausweglose Situation und bat ihn, mir bei der Beschaffung einer kleinen Wohnung mit erschwinglicher Miete behilflich zu sein.

Dann der Brief an meine Frau, die ich noch immer nicht gefunden hatte. Möglicherweise enthielt er einen Hinweis.

Kurzentschlossen öffnete ich ihn. In knappen Worten enthielt er die Aufforderung, zwecks Untersuchung im Gesundheitsamt Hamburg-Mitte zu erscheinen.

Gesundheitsamt? Was hatte das denn nun wieder zu bedeuten?

Ich warf mich sofort in Schlips und Kragen, nahm noch einen kräftigen Schluck aus der Wacholderpulle und fuhr zum Gesundheitsamt. Dort legte ich das an meine Frau gerichtete Schreiben vor, legitimierte mich mit Heiratsurkunde und Paß und bat um Auskunft.

Die Ärztin hinter dem Schreibtisch schaute mich zuerst entgeistert an, stand dann auf, zog eine Akte aus dem Schrank, verglich das Schreiben mit dem Inhalt der Akte, klappte die Akte wieder zu und zog die Augenbrauen hoch.

›Wir haben Schweigepflicht!‹

›Nun, gnädige Frau, ich bin doch schließlich der Ehemann, mir kann man das doch wohl sagen.‹

›Auch dem Ehemann gegenüber macht die ärztliche Schweigepflicht keine Ausnahme. Aber … warum sagt Ihnen Ihre Frau nicht selbst, was Sie von mir erfahren möchten?‹

Wie ein begossener Pudel zog ich ab, gab mich aber noch nicht geschlagen.

›Sagen Sie bitte, mein Herr …‹

Der Pförtner, der in seinem Glaskasten vor sich hindöste, fuhr erschreckt auf und nahm sofort Haltung an.

› … Zimmer Nummer 18, was verbirgt sich hinter der Tür?‹

Die Frage sollte wie beiläufig gestellt klingen, so, als interessiere mich die Antwort nur am Rande.

›Haut- und Geschlechtskrankheiten‹, meinte er gelangweilt.

Mein Gott, schoß es mir durch den Kopf, jetzt ist die allerletzte Straßenbahn abgefahren.

Mit einem Mal paßte alles zusammen. Was ich geahnt, aber nicht hatte wahrhaben wollen, war zur bitteren Gewißheit geworden:

Ich war mit einer Prostituierten verheiratet.«

Kapitel 13

»Die nächsten drei Tage soff ich. Bier, Fusel. Fusel, Bier. Bis auf die letzte Mark hatte ich alles in Alkohol umgesetzt. Mit einem Rest Schnaps, ein paar Tabletten und einem Dietrich in den Taschen sowie 2,1 Promille Alkohol im Blut stahl ich am 16. März 1966 aus einer fremden Wohnung eine Taschenuhr im Wert von fünfzig Mark. Dabei wurde ich jedoch ertappt und kam noch am selben Tag in Untersuchungshaft.

Damit hatte sich die Suche nach einer neuen Bleibe vorerst erledigt.

Ende November wurde mir für diesen Diebstahl vor dem Landgericht Hamburg der Prozeß gemacht. Obwohl ich zur Tatzeit betrunken war, wie gesagt, 2,1 Promille, und ich die gestohlene Uhr sofort zurückgab, also kein Schaden entstanden war, forderte der Staatsanwalt 7 Jahre Zuchthaus. Das Urteil lautete dann: 3 Jahre und 6 Monate Zuchthaus und Sicherungsverwahrung.

Ich hatte Strafe verdient. Das war klar und in Ordnung. Allein dafür, daß ich wieder so dämlich gewesen war, zum Kummerbesänftiger Satan Alkohol zu greifen und dann, wie schon oft vorher, strafbare Handlungen zu begehen, hatte ich eine Extraportion verdient.

Aber dreieinhalb Jahre für den Diebstahl einer Taschenuhr im Wert von fünfzig Mark?

Ein gutes Jahr zuvor war vom Schwurgericht Frankfurt der Stellvertreter Eichmanns in Ungarn verurteilt worden. Wegen Beihilfe zum Mord an mindestens dreihunderttausend Menschen. Das Urteil: 5 Jahre Zuchthaus.

Nicht viel mehr als für meine lumpige Beute, die noch nicht einmal eine war.

Ja, das war schon eine Überraschung, auch, daß das Gericht die persönlichen Umstände in keiner Weise gewürdigt hatte.

Hier ging es nicht nur um die Uhr, das war mir längst klar.

›*Sie waren im KZ. Kriminell!*‹

›Er hat sich schon früher nicht in die Gemeinschaft einordnen können, verweigerte den Gehorsam und griff Vorgesetzte tätlich an.‹

›Na, das war aber nicht schön, was Sie mit Herrn Landgerichtsdirektor K. in Wiesbaden gemacht haben ...‹

›Es ist eine Ungeheuerlichkeit, mit welch einer Unverschämtheit Eder jahrelang gegen die Justizbehörden vorgegangen ist!‹

Das waren Begleittöne der Gerichtsverhandlung. Ich fragte mich, was sie mit dem Diebstahl einer simplen Taschenuhr zu tun hatten. Innerlich kochte ich vor Wut wegen dieser Vorwürfe, aber ich schwieg.

Drei Monate später erhielt ich die Urteilsschrift zugestellt, in der es unter anderem hieß:

›*Maßgebend für die Verhängung der Sicherungsverwahrung im Fall Eder sind in verstärktem Maße die Überlegungen, die schon zu zwei früheren gleichen Maßnahmen geführt haben.*‹

Damit waren die Urteile von Wiesbaden und Marburg gemeint, die sich letztlich auf das Feldkriegsgerichtstodesurteil bezogen. Auf mich wirkte das, als hätte man mir einen Schmutzkübel über den Kopf geschüttet.

Solch ein Urteil würde ich nicht unwidersprochen hinnehmen.

Als meine Frau erfuhr, daß ich hinter schwedischen Gardinen saß, tauchte sie im Lager Finkenwerder auf. Meine gesamte Habe brachte sie zum An- und Verkauf. Alles setzte sie um, restlos alles.

Nicht um dieser Sachen willen kränkte mich das so schwer. Ich hatte in meinem Leben schon vieles verloren. Da kam es auf die Möbel und die anderen Klamotten auch nicht mehr an. Aber daß ich mich schließlich so getäuscht sah und erleben mußte, daß eine Frau dem eigenen Mann den letzten Anzug, ja buchstäblich das letzte Hemd wegnahm, das gab meinem Glauben an das Gute im Menschen den Rest.

Auf den Tag zwei Jahre nach unserer Heirat wurde die Ehe, die eigentlich gar keine gewesen war, weil sie nur acht Tage gedauert hatte, geschieden, kurz und schmerzlos.

Ich war meiner Frau nicht mehr böse. Sie war und ist eben so, wie sie ist. Mein Fehler war es gewesen, sie so überstürzt zu heiraten. Ich wünschte ihr sogar, einen Mann zu finden, der besser zu ihr paßte als ich, mit dem sie vielleicht in vierter Ehe glücklich werden konnte.

Aber zurückhaben wollte ich sie nicht, für kein Geld und keine guten Worte.«

Kapitel 14

Nach Verbüßung der dreieinhalbjährigen Zuchthausstrafe brachte man Alfred Eder zunächst in der Psychotherapeutischen Sonderanstalt Bergedorf unter. Dort gewann er an seelischer Stabilität, fand in Bergedorf eine Wohnung und schließlich Arbeit als Werksgärtner in einem Industriebetrieb. Dem neuen Arbeitgeber mußte er allerdings in die Hand versprechen, seine Jagd auf die Mörder von gestern einzustellen und mit niemandem über das Todesurteil und seine KZ-Zeit zu sprechen.

Eder, mittlerweile vierundfünfzig Jahre alt und froh, wieder einen Arbeitsplatz gefunden zu haben, gab dieses Versprechen, nicht zähneknirschend, nein, vielleicht war es doch besser und an der Zeit, endlich einen Schlußstrich zu ziehen unter diese schreckliche Vergangenheit. Dann hörten möglicherweise auch die Träume auf, aus denen er immer wieder schweißgebadet hochschreckte. Träume, in denen er sich fliegen sah, tief unter sich ein Meer schwarzer Gestalten: SS-Männer.

Sehr bald jedoch wußte er, er konnte sein Wort nicht halten. Das geschah, nachdem er sich seinem unmittelbaren Vorgesetzten anvertraut hatte. Wenig später fand er heraus, daß sein Abteilungsleiter und zwei weitere Vorgesetzte ehemalige SS-Angehörige waren. Da dämmerte es ihm, weshalb er schweigen und seine Finger von der NS-Zeit lassen sollte.

In seiner Freizeit setzte er heimlich seine Recherchen fort.

Damit waren die Weichen zur nächsten Talfahrt gestellt.

Es begann mit Schikanen und Verdächtigungen am Arbeitsplatz und setzte sich fort mit der Beschuldigung, im Bereich Vierlanden Einbrüche und Diebstähle begangen zu haben. Am Morgen des 22. Juni 1972 wurde Alfred Eder auf das Polizeikommissariat bestellt und verhaftet.

Im Laufe des Tages erschien ein junger Polizeibeamter in seiner Zelle und versuchte, ihn zu warnen:

»Paß auf, was ich dir jetzt sage, denn ich darf mich nur kurz bei dir aufhalten. Laß deine Angriffe und Ermittlungen gegen ehemalige NS-Richter, Polizeibeamte und so weiter sein. Gegen die Leute kommst du doch nicht an. Paß auf! Laß die Finger von den Leuten. Die machen dich fertig.«

Er erfuhr weiter, daß ein junger Beamter speziell auf ihn angesetzt worden war. Und dieser Beamte ging mit Eders Paßbild in Vierlanden von Haus zu Haus, um ihn als den bereits überführten Täter vorzustellen.

Eder blieb in Untersuchungshaft und stand ein halbes Jahr später vor Gericht. Der Richter durchschaute jedoch, was hier gegen den Angeklagten inszeniert worden war und setzte ihn auf freien Fuß.

Auf freien Fuß?

Durch diese Geschehnisse hatte Alfred Eder, obwohl unverschuldet in Haft geraten, erneut seinen Arbeitsplatz und, weil er die Miete nicht hatte bezahlen können, die Wohnung verloren.

Sein Antrag auf Haftentschädigung wurde abgelehnt.

Doch nicht genug damit: Bereits drei Monate später wollte man ihm einen Handtaschenraub anhängen, der, wie sich später herausstellte, ebenfalls gegen ihn in Szene gesetzt worden war.

Zunächst einmal wanderte er wieder hinter Schloß und Riegel und stand dann erneut jenem Richter gegenüber, der ihn in Sachen Vierlanden freigesprochen hatte.

Die Ermittlungsakte enthielt jedoch derart viele Ungereimtheiten, daß der Richter sie zurückgab und Eder sofort aus der Haft entließ.

Das allerdings fand so ganz und gar nicht die Zustimmung des anklagenden Oberstaatsanwaltes, der daraufhin das Verfahren an eine andere Kammer umdirigierte.

Im April 1973 steht Alfred Eder in Hamburg vor Gericht. Der Richter ahnt nicht, welches Ei seine Kollegen ihm da ins Nest gelegt haben. Er glaubt, wegen des Handtaschenraubes mit ihm kurzen Prozeß machen zu können. Als ihm deutlich wird, welch harte Nuß er zu knacken hat, läßt er sich dazu verleiten, ihm unter anderem die Befehlsverweigerung während des Krieges vorzuwerfen.

Ob der Angeklagte Eder dazu noch etwas zu sagen hätte und ob er das Urteil annähme.

Ja, dazu hatte er sehr wohl noch etwas zu sagen. Ruhig und sachlich ging er auf die Geschehnisse in Oradour und auf die Tatsache ein, daß sein damaliges Verhalten nach wie vor zitiert und ihm strafverschärfend angelastet wurde. Und dann kam er aus seiner Hütte, beschimpfte den Richter vor vollbesetztem Gerichtssaal als studierten Rechtsidioten, als Aasgeburt, Bestie, Satan und Nazischwein.

Daraufhin fallen zwei Vollzugsbeamte über ihn her, zerren ihn aus dem Gerichtssaal und schlagen ihn zusammen. Im Untersuchungsgefängnis wird er notdürftig versorgt und in die Zelle gebracht. Dort wird er anschließend von einem dritten Vollzugsbeamten verhöhnt und mit Fußtritten attackiert. Dabei werden ihm das Nasenbein zertrümmert, Ober- und Unterkiefer verletzt und die letzten Zähne eingetreten.

Derart verletzt, sperrt man ihn in eine Zelle mit der Aufschrift *»Vorsicht! Infektion! Lebensgefahr!«*

Niemand darf zu ihm. Fünf Tage lang bekommt er nichts zu essen, keine Schmerzmittel.

Im zugedeckten Schmutzeimer bringt ihm ein Kalfaktor dünne Wassersuppe, die Alfred Eder nur zu schlucken braucht. Diesem Kalfaktor hat er es wohl maßgeblich zu verdanken, daß er die schweren Verletzungen unter den katastrophalen Umständen überlebt.

Aus der Haft heraus gelang es ihm dann wiederum, mit Hilfe eines Kassibers zu beweisen, daß er gar nicht der Handtaschenräuber sein konnte. Ein halbes Jahr später kam es zur Berufungsverhandlung, in der er freigesprochen werden mußte.

Auch in diesem Fall wurde ihm eine Entschädigung für die Haft und die in der Haft erlittenen Verletzungen verweigert.

Das führte zu einer neuen Flut von Eingaben, Anträgen und Beschwerden.

»Den kannst du totschlagen, und dann hält er noch nicht sein Maul!«

»Ja, mein lieber Herr Kruse, nicht in Sibirien ist das geschehen, sondern in Hamburg, und nicht etwa im vergangenen Jahrhundert. Kaum zu glauben, nicht wahr, aber schwarz auf weiß nachzulesen. Und ganz bestimmt kein Einzelfall.«

Arbeitskreis für Rechtssoziologie e.V.
Hannover, den 14. März 1979

Sehr geehrter Herr Eder,
seit Jahrzehnten ist davon die Rede, daß die deutsche Justiz

von Grund auf reformiert werden müßte – geändert hat sich bislang aber kaum etwas! Wenn konkrete Mißstände aufgedeckt werden, heißt es immer, es sei ein »Betriebsunfall«, eine »Panne, wie sie überall mal vorkommen kann«. Leider gibt es bisher auch keine gründlichen Untersuchungen über das Unrecht, das laufend von seiten der Justiz an Rechtssuchenden verübt wird, so daß die »Hüter von Recht und Ordnung« es leicht haben, sich hinter fadenscheinigen Argumenten zurückzuziehen.

1976 arbeiteten sich fünf Richter der Großen Strafkammer beim Landgericht Hamburg durch den Aktenberg Eder, der in vierundzwanzig Jahren zusammengeschrieben worden war, wobei einer vom anderen abgeschrieben hatte. Soll ich Ihnen das Ergebnis verraten?

»Herr Eder hat doch ein recht trauriges Schicksal erfahren. Es gelang ihm nach Kriegsende nicht mehr, auf die Dauer Fuß zu fassen. Die Ursache liegt nach Feststellung der Kammer darin, daß er gemessen an den recht geringen Taten, die er in seinem Leben beging, zu hart bestraft wurde, was nach dem heutigen Strafrecht nicht mehr möglich ist.«

Im Klartext heißt das: Alfred Eder, der sich in der Kirche Oradour auf Grund seiner christlichen Erziehung nicht zum Massenmörder machen ließ, verbrachte bis zum heutigen Tag etwa achtundzwanzig Jahre hinter Gittern und Stacheldraht, und das, obwohl er keinen Mord begangen hat und die durch seine Straftaten entstandenen Schäden den gerichtlich festgestellten Gegenwert von DM 300 kaum übersteigen dürften.

Ein doch recht trauriges Schicksal ... Was so alles unter Schicksal fällt beziehungsweise als Schicksal deklariert wird. Ein schönes Schicksal ist mir das, wenn ein Richter vom anderen abschreibt und noch etwas dazuschreibt.

»Und wenn Sie jetzt denken, daß das Jahr 1976 ein Wendepunkt in meinem Leben war, dann irren Sie sich gewaltig.

Das teuflische Bemühen, mich endgültig zum Schweigen zu bringen, fand vorerst noch kein Ende.

Ende Dezember 1976 zum Beispiel wurde ich aus der Haft entlassen, im Januar saß ich bereits wieder hinter Gittern, obwohl ich keine Straftat begangen hatte. In der Revisionsverhandlung wurde ich dann zwar freigesprochen, aber bis dahin hatte ich eine Strafe verbüßt, die noch gar nicht rechtskräftig geworden war.

Pech gehabt? – Ich sehe das anders!

Es würde Bände füllen, wenn ich allein all das aufschreiben würde, was ich nach 1976 erlebte.

1976, nein, da war noch kein Land in Sicht. Die entscheidende Wende kam erst drei Jahre später.«

Kapitel 15

»Während einer Kur lernte ich einen kriegsblinden Pfarrer kennen. Nicht drohende Worte und erhobene Zeigefinger vor den Schranken der Gerichte, nicht Bewährungsauflagen und auch nicht die Jahre in Zuchthaus- und Gefängniszellen, nein, dieser kriegsblinde Pfarrer war es, der mir die Augen öffnete und meinem Leben eine Richtung gab, die endlich aus dem dunklen Tal herausführte.

Zunächst allerdings gerieten wir heftig aneinander, weil ich das Gefühl hatte, er machte sich die Sache mit den Verbrechen der Nazis zu einfach.

›Du mußt diesen Menschen vergeben, Alfred‹, forderte er.

Und ich erwartete, er würde noch hinzufügen: ›Wir schreiben das Jahr 1979, Bruder Alfred. Krieg und KZ, das liegt doch alles lange zurück. Vergiß es!‹

Aber das sagte er nicht.

›Vergeben, Alfred, um deiner selbst willen!‹ – Das sagte er.

Vergeben? Ich? – Diesen Typen vergeben, die nur ihre Pflicht getan und Befehle ausgeführt haben, die ansonsten von allem nichts gewußt haben wollen? Diesen Banditen, die mich bis auf den heutigen Tag nicht in Ruhe ließen? Ihnen am Ende noch die Stiefel küssen, weil Jesus Christus in der Bergpredigt fordert, du sollst auch deine Feinde lieben?

So weit war ich noch nicht. Allein der Gedanke an sie ließ mich den Puls an der Schläfe spüren.

Und wenn es zehnmal in der Bibel hieß, du sollst

nicht einmal, auch nicht sieben mal, sondern sieben mal siebzig mal vergeben, und das jeden Tag. Nein, das konnte ich nicht.

Im Gegenteil: Ich wollte nicht aufhören, diese ehemaligen NS-Schergen dabei zu stören, ihre Vergangenheit zu verdrängen!

›*In einer Zeit, wo der Bevölkerung pausenlos eingehämmert wird, Recht ist, was der Führer befiehlt, können auch Staatsanwälte und Richter irren und dem damaligen Rechtsdenken erlegen sein.*‹

Was würden wohl die Opfer der NS-Herrenmenschen zu diesem Satz aus höchstrichterlicher Feder sagen? Nachträglich vergeben?

Weißt du, wie das ist, wenn man mit bloßen Händen Leichen aus den Massengräbern zieht und an die Verbrennungsöfen karrt?

Weißt du, wie man sich fühlt beim Freilegen von Minen und Herausschrauben von Bombenzündern, wenn man jede Sekunde damit rechnen muß, in Stücke gerissen zu werden?

Ich fordere nicht Vergeltung um jeden Preis. Aber, wie schon gesagt, ich habe das Recht, Unrecht als Unrecht zu bezeichnen. Nein, nein! Solange die Schuldigen nicht bereit sind, ihre Fehler einzugestehen und gemeinsam zurückzufinden, solange werde ich keine Ruhe geben.

›Glaubst du noch an Gott, Alfred?‹

›Lieber Pastor Schimmelpfennig‹, antwortete ich ihm, ›früher war ich strenggläubiger Christ. Nicht einer, der nur Weihnachten in die Kirche geht, weil es dann dort so ergreifend feierlich ist, oder der in Gott den Strohhalm sieht, zu dem man in der Not ja noch greifen kann. Nein, ich war sogar Tatchrist, und ich habe mein Leben aufs Spiel gesetzt, weil ich glaubte, das sei ich IHM schuldig.

Aber ich bin enttäuscht worden. Dein lebendiger Gott hat mich im Stich gelassen. Und nicht nur mich. Auch die, die in Todesgefahr nach ihm schrien in der Kirche zu Oradour, die hat er links liegen lassen.

Rufe mich an in der Not, so will ich dich erretten – heißt es irgendwo in der Bibel, nicht wahr? – Das hat nicht geklappt, mein lieber Herr Schimmelpfennig, weder in Oradour noch in Auschwitz und und und.

Die Gnade des Herrn aber währt von Ewigkeit zu Ewigkeit über denen, die ihn fürchten, seine Gerechtigkeit bis zu den Kindeskindern.

Fehlanzeige, Herr Schimmelpfennig. In Oradour jedenfalls hat sich dieses Psalmwort nicht bewahrheitet, so wenig wie diese Töne:

Der Herr verschafft Gerechtigkeit und Recht allen, die bedrückt werden.

Oder wie ist das zu vereinbaren mit dem Gemetzel in der Kirche?

Der Herr hat in den Himmeln aufgerichtet seinen Thron, und seine Herrschaft regiert über alles.

Für den Himmel mag das zutreffen, lieber Pastor, aber auf der Erde haben offensichtlich andere das Sagen. Oder habe ich als einfacher Landarbeiter mit ganz einfacher Landvolksschulbildung hier etwas nicht richtig verstanden?

In Bergedorf hatte ich jedenfalls auch meine Schwierigkeiten mit Gott. Wie gesagt, nach dem Krieg habe ich mit IHM gehadert. Nach Oradour hatte ich große Zweifel an seiner Liebe und Allmacht.

Und doch habe ich irgendwann wieder angefangen zu beten, in aller Stille. Habe nachts unter der Bettdecke die Hände gefaltet.

Ich wußte, daß meine liebe Mutter für mich betete. Das hatte sie während des Krieges getan, regelmäßig, und davon ließ sie auch nicht ab, nachdem ich mich als schwarzes Schaf entpuppt hatte.

Wenn ich zu meinen Eltern nach Buxtehude oder zu meinen Schwestern kam, dann dauerte es keine fünf Minuten, und die Angehörigen fingen zu weinen an.

Du mußt beten, du mußt beten, du mußt beten, lieber Sohn und Bruder, das hilft.

Das hilft bei mir nicht mehr, liebe Mutter. Das Massaker in der Kirche hat meinem Glauben den Boden entzogen. Was mir durch Gewalt genommen wurde, läßt sich nicht mit Gewalt zurückholen. Auch nicht mit gewaltsamem Gebet.

Und dann war die Weinerei wieder da, so daß ich später lieber fortblieb, weil ich am allerwenigsten meine Mutter weinen sehen konnte.

Lieber Herrgott, hilf, daß ich wieder ein gläubiger Christ und anständiger Mensch wie früher werde – habe ich gebetet.

Damit habe ich IHM in den Ohren gelegen, in der Gefängniszelle, in Kirchen, in meiner Wohnung. Immer und immer wieder. Weil es wirklich mein Herzensanliegen war.

Nichts! Es hat nichts geholfen.

Ich sparte es mir vom Munde ab, um 1972 mit meiner Zwillingsschwester Lottchen nach Israel fahren zu können und die Wirkungsstätte unseres Heilands aufzusuchen.

Nach Feierabend und an freien Sonnabenden habe ich in Bahrenfeld freiwillig den vernachlässigten jüdischen Friedhof gepflegt.

Ich habe mich besonders für die Hiob-Geschichte interessiert, habe Pastoren befragt, Diakone, Missionare. Ruhelos war ich unterwegs, beinahe wie auf der Flucht vor mir selbst, immer am Suchen, Schauen, Hören. Alles ohne Ergebnis. Meinen unerschütterlichen Glauben fand ich nicht wieder. Wenn ich glaubte, endlich einen Zipfel in der Hand zu halten, dann schob sich Oradour dazwischen und die bohrende Frage: Weshalb?

Weshalb ließ der allmächtige Gott in der Kirche derart das Gastrecht verletzen und die Satansknechte ungeschoren?

Niemand wußte es, und wenn doch jemand glaubte, eine Antwort parat zu haben, nahm ich sie nicht an.

Und alles war wie zuvor!

Als ich in Bergedorf wohnte, bin ich jeden Sonntag in die Kirche gegangen und mittwochs noch in die Bibelstunde.

Nichts! Es hat so wenig verändert wie mein Gebet.

Entweder bist du ein von Gott und allen guten Geistern verlassener Narr oder ein uneinsichtiger, unverbesserlicher Mensch, dachte ich und hoffte, das letztere träfe zu. Wer will schon von allen guten Geistern verlassen sein …

Ja, lieber Herr Eder, da haben Sie zu lasch und zu flüchtig gebetet. Wer sucht, der findet auch. Und wer mit aufrichtigem Herzen dabei ist und ehrlich anklopft, dem wird auch aufgetan, wurde mir dann vom Herrn Pastor, vom Diakon oder den Damen und Herren des Kirchenvorstandes vorgehalten, bei denen ich Hilfe gesucht hatte.

Das hört sich fromm an, aber es half mir nicht weiter in meinem Bemühen, mit Gott wieder ins Reine zu kommen.

Pastor Schimmelpfennig hörte mir geduldig zu. Meine abfälligen Bemerkungen über Gott hatten ihn nicht getroffen. Mit keiner Silbe ging er darauf ein.

Also keine billigen Erklärungen. Kein Versuch, Gott zu verteidigen.

Er schwieg, schwieg einfach und schwieg auch noch, als meine Vorwürfe erschöpft waren. Legte nur mitfühlend seinen Arm um meine Schultern.

Ich spürte, hier war ich einem Menschen begegnet, der mich verstand, der wußte, wo der Schuh drückte, der mich nicht mit einer Durchhalteparole oder einem frommen Spruch abspeiste wie diesem, den ich oft zu hören bekommen hatte:

Denn es ist eine Gnade, wenn jemand deswegen Kränkungen erträgt und zu Unrecht leidet, weil er sich in seinem Gewissen nach Gott richtet.

Später auf meinem Zimmer las ich das Kärtchen, das er mir an jenem Tag wortlos in die Hand gedrückt hatte.

Von allen Seiten umgibst **Du** *mich und hältst Deine Hand über mir! (Psalm 139,6)*

Schlagartig standen mir die vielen Himmelfahrtskommandos vor Augen, die ich überlebt hatte, und dann das Versteck im Leichenhaufen, vor dem die Bluthunde auf und ab gelaufen waren.

Von allen Seiten umgibst **Du** *mich …*

Ja, so war es gewesen, im Wehrmachtsgefängnis Torgau, im Straflager, während der Flucht aus dem Transport, in der Todeszelle, im Zuchthaus Ziegenhain und beim Sturz vom Scheunenfirst, vor der Baracke im Soziallager Finkenwerder und beim Sprung ins eiskalte Elbwasser.

Schmerzhaft wurde mir bewußt: Gott hatte mir die Treue gehalten, mir, dem Schwarzmarkthändler, dem

Einbrecher, dem Dieb und Sicherungsverwahrten. Auch wenn ich es nicht verdient hatte: ER war an meiner Seite geblieben. Anderenfalls hätten mich längst die Würmer.

Aber ER hatte gleichzeitig zugelassen, daß es mit mir immer weiter bergab gegangen war, gesundheitlich, finanziell, eigentlich in jeder Beziehung.

Da läufst du dir die Hacken ab nach einer Arbeitsstelle, aber obwohl es genügend Arbeitsplätze gibt, findest du keinen, weil du keine Wohnung hast und außerdem einschlägig vorbestraft bist. Und dann bist du Tag für Tag nach einer Bleibe unterwegs, aber du bekommst keine, weil du keine Arbeit hast.

Ja, und dann biegst du dir einen Dietrich zurecht und schläfst in leerstehenden Eisenbahnwaggons oder auf dem Friedhof in der Leichenhalle, weil du in deinem Leben schon Tausende von Toten gesehen und in den Händen gehabt hast und es dich nicht stört, neben einem Sarg zu schlafen. Weil dir nämlich das bißchen Freiheit kostbar ist und du es nicht so machen willst wie die vielen anderen, die außerhalb der Gefängnismauern nicht mehr zurechtkommen und deshalb den nächstbesten Zigarettenautomaten knacken, sich bewußt erwischen lassen und schnell wieder da landen, woher sie gerade gekommen sind, wo sie nämlich ein warmes Zimmer haben, ausreichend zu essen, Arbeit und einen geregelten Tagesablauf.

Aber früher oder später kommt man dir auch in leerstehenden Eisenbahnwaggons und in der Leichenhalle auf die Schliche und verbietet dir per Gerichtsbeschluß, dort künftig eine Mütze voll Schlaf zu nehmen.

Und die Zeiten sind vorbei, in denen du eine Prostituierte findest wie jene in Gelsenkirchen.

Ja, Er hatte zugelassen, daß du den Haß zu deinem Ratgeber machtest, ging es mir durch den Kopf. Aber bevor dieser Haß dich zugrunderichtete, schickte Er dir den Pfarrer Schimmelpfennig über den Weg:

Genug, Alfred! Genug des Hasses. ***Ich*** *will, daß du lebst.* ***Ich*** *will, daß du umkehrst!* ***Ich*** *will, daß du zu mir zurückfindest.*

In den folgenden Tagen suchte ich das Gespräch mit dem Pfarrer Schimmelpfennig, der übrigens auch aus Gelsenkirchen kam. Ihm verdanke ich, daß meine Beziehung zu Gott wieder ins Lot kam.

›Alfred‹, erklärte er mir, ›es ist schrecklich, was dort in Oradour geschehen ist. Das Gemetzel an den Fronten, das Töten in den Mordfabriken. Es ist entsetzlich.

Ich verstehe so wenig wie du, warum Gott das alles zugelassen hat. Natürlich hätte Er Pech und Schwefel regnen lassen können. Aber Er hat es nicht getan, hat sogar zugelassen, daß mancher Mörder von damals heute frei herumläuft, sich auf Sylt in der Sonne räkelt und eine nicht unansehnliche Pension bezieht, während dir deine Weigerung, auf unschuldige Menschen zu schießen, noch heute als Befehlsverweigerung angelastet wird.

Gott ist damit nicht einverstanden, sagt sein Wort, aber Er läßt uns Menschen die Freiheit, sich für oder gegen seinen Willen zu entscheiden. Er schlägt nicht gleich dazwischen, wenn wir sündigen.

Wie gesagt, niemand kann ergründen, weshalb Er das alles geschehen ließ; niemand, denn Gott läßt sich nicht in seine Karten gucken. Nur, eines mußt du bedenken:

Es steht uns Menschen nicht zu, Ihn deshalb anzuklagen. Wir dürfen uns nicht zu seinem Richter machen!‹

›Aber‹, warf ich ein, ›die Justiz hat mir durch das Todesurteil und die Folgeereignisse mein Leben genommen, meine Gesundheit und die blühenden Jahre, daß ich ein Recht hatte und ein Recht habe, die Schuldigen als Schuldige zu betrachten und mit Namen zu nennen. Die Menschenrechtsfrage ist doch nicht mit Leisetreterei durchzusetzen!‹

›Alfred, du bist selbst schuldig geworden. Hast geklaut wie ein Rabe. Das sagst du selbst.‹

›Aber an meinen Händen klebt kein Blut. – Mehr als zwanzig Jahre hinter Gittern verbringen, ohne ein Mörder zu sein? Und Menschen, die Tausende auf dem Gewissen haben, laufen frei herum?‹

›Du fühlst dich um dein Leben betrogen, nicht wahr, weil du in Oradour das fünfte Gebot befolgt hast?‹

›Schau mich doch an. Ich bin ein erheblich vorgealterter Mann. Mit einundsechzig Jahren nicht mehr erwerbsfähig …‹

›Du bist so ziemlich am Ende, lieber Alfred. Die Schnapsflasche als ständigen Begleiter. Bis zum Erbrechen angefüllt mit Groll und Haß. – Keine gute Ausgangsbasis, um aus dem dunklen Tal herauszukommen. – Im Gegenteil: Du wirst im Suff weiterhin Dinge tun, die du mit klarem Kopf nicht tun würdest, wirst weiterstehlen und wieder im Gefängnis landen. Willst du das?‹

Nein, das wollte ich nicht.

Lieber Herrgott, hilf, daß ich wieder ein gläubiger Christ und anständiger Mensch wie früher werde. – Das war noch immer mein Gebet.

›Glaubst du, daß Jesus Christus dir helfen kann, Alfred?‹

›Jesus Christus?‹ – Ich überlegte. Was hatte der damit zu tun?

›Er ist Gottes Sohn‹, antwortete ich. ›Er war ein guter Mensch, der viele Kranke geheilt und Wunder getan hat. Aber … mir helfen?‹

›Du weißt, daß er gekreuzigt wurde‹, fuhr Pfarrer Schimmelpfennig fort. ›Er mußte sterben für die Sünde der Menschen. Auch für deine. Er ist gestorben, damit du lebst.‹

›Ein schönes Leben …‹

›Es muß ja nicht so bleiben.‹

›Und das heißt?‹

›Jesus macht dir ein Angebot, nämlich, dein Leben mit ihm zu teilen, ihn hineinzunehmen in dein Leben, ja, mehr noch: Dein Leben in seine Hand zu geben.‹

Ich muß wohl ein überaus ungläubiges Gesicht gemacht haben, als ich das hörte.

›Keine Angst‹, fuhr er fort, ›du wirst damit nicht zur Marionette. Das nicht. Du kannst schon noch frei entscheiden. Aber niemand kennt dich besser als Jesus. Er kennt auch deinen Weg, und du kannst dir manchen Umweg ersparen, wenn du ihn bittest, dir den rechten Weg zu zeigen.‹

›Und das funktioniert?‹

›Garantiert!‹

›Und was muß ich tun? Ich meine …‹

›Als erstes bekennst du ihm deine Schuld und bittest ihn um Vergebung. Das kannst du allein in deinem Zimmer unter der Bettdecke tun, oder du tust es zum Beispiel in meiner Gegenwart, und ich spreche dir dann die Vergebung deiner Schuld zu. Das darf ich. Und das gilt!‹

›Weil du Pfarrer bist.‹

›Nein, weil ich an Jesus als meinen Herrn und Erlöser glaube.‹

›Und ... zweitens?‹

›Zweitens sagst du ihm, daß du ihn brauchst und bittest ihn, die Herrschaft in deinem Leben zu übernehmen.‹

›So einfach ist das?‹

›So einfach ist das.‹

Dieser kriegsblinde Pfarrer also hatte mir klar gemacht, daß die Bausteine der Mauer zwischen Gott und mir nicht aus meinen Straftaten bestand, wie ich mir bisweilen einzureden versuchte, sondern daß ich mir mit Unversöhnlichkeit, Groll und maßlosem Haß selbst im Weg stand. Er half mir nicht nur, meinen Glauben wiederzufinden, sondern erschloß mir zugleich eine Wirklichkeit des Glaubens, von deren Existenz ich nicht die geringste Ahnung gehabt hatte:

Vor der Begegnung mit Pfarrer Schimmelpfennig war Jesus für mich nicht mehr gewesen als ein bestaunenswerter Mensch, eine herausragende historische Persönlichkeit.

Jetzt erlebte ich ihn als Herrn und Freund, der für mich da war und mir zur Seite stand. In meinem Herzen hatte ich die Gewißheit: Jesus lebt.

Nicht von Heute auf Morgen geschah das. Ich will auch nicht verschweigen, daß es immer wieder Augenblicke gab, in denen Zweifel hochkamen, ob denn das alles so stimmte mit Gott und Jesus. Aber die Veränderungen in meinem weiteren Leben sprachen eindeutig gegen diese Zweifel.

Pfarrer Schimmelpfennig war für mich ein Geschenk des Himmels.

Als ich meinen abgrundtiefen Haß in seiner Gegenwart vor Jesus ausgeschüttet und mich davon losgesagt hatte und dann erlebte, daß ich tatsächlich frei war, befreit dazu, jetzt auch meinen Peinigern zu vergeben, da wußte ich: Das ist die Wende.

Von da an bin ich ruhiger geworden. Und nach und nach ist es mir besser gegangen, in vielerlei Hinsicht.

Durch Pfarrer Schimmelpfennig lernte ich dann in Hamburg eine Gemeinde von Christen kennen. Dort fand ich so etwas wie ein Zuhause, nämlich Menschen, die mich annahmen, wie ich bin; die mich nicht schief ansahen, weil ich in Zuchthäusern und Gefängnissen gesessen hatte; die mir nicht vorwarfen, ich hätte mich im KZ herumgedrückt, während andere ihr deutsches Vaterland verteidigt hätten. Es waren Menschen, die wie ich den Weg zu Jesus gefunden hatten. In der Gemeinschaft mit ihnen erfuhr ich handfest die Liebe Gottes und überwand schnell mein Mißtrauen, das sich im Laufe der Nachkriegsjahre in mir breitmachen konnte, weil ich so oft enttäuscht und ausgenutzt worden war.

Sie holten mich zum Gottesdienst ab. Sie luden mich hin und wieder in den Kreis ihrer Familie zum Essen ein. Sie beschafften mir neue Möbel, nachdem meine Wohnung ausgebrannt war, liehen mir Geld. Sie machten es mir sogar möglich, aus dem Gefängnis heraus eine Bibelschule zu besuchen.

›Möchtest du mit nach Fehmarn, Alfred?‹ hatte mich die Schwester Renate gefragt.

›Ja, gerne!‹ Und dann kleinlaut: ›Aber so etwas wird mir nie und nimmer gestattet werden. Das ist völlig unmöglich.‹

Renate hatte nur gelacht, fast – ich weiß nicht, wie ich es sagen soll – fast hämisch oder geringschätzig, ja, geringschätzig ist das richtige Wort, also etwa so, als wollte sie sagen: ›Du armer Narr. Was weißt du, was Gott alles machen kann. Bei IHM ist kein Ding unmöglich. Nicht die Juristen bestimmen darüber, ob du fahren darfst oder nicht, sondern sie werden von Gott gelenkt.‹

Diese Renate spinnt doch nun wirklich, dachte ich, als sie völlig ernst und überzeugend zum Ausdruck brachte, daß ich mich über die ›Wunder Gottes‹ noch ›wundern‹ würde.

Als der Urlaub dann wider Erwarten tatsächlich genehmigt wurde, beschlich mich beinahe Angst vor Renate … und wirkliche Furcht vor Gott.

Eine innere Stimme aber beruhigte mich: ›Du, mein lieber Alfred, bist doch auch mein Geschöpf, das sich im äußersten Winkel still als solches erkannt hat, während andere im Vordergrund lauthals ihre Schuld übertünchen. Du hast dich taufen lassen. Du hast erkannt, daß ich mich auch für deine Sünden habe kreuzigen lassen. Du hast dich mir anvertraut. Das ist gut. – Sündige hinfort nicht mehr und befolge meine Gebote. Dann wirst du Ruhe und Frieden finden.‹

Mehr als vierzig Jahre lang hatte ich geraucht. Pfeife. Starken Tabak also. Einige Anläufe hatte ich gemacht, um davon freizukommen, weil ich am eigenen Körper spürte, wie schädlich es ist. Allein jeden Morgen diese elende Husterei …

Aber ich hatte es nicht geschafft und mich dann selbst getröstet mit dem Spruch: *Alkohol und Nikotin rafft die halbe Menschheit hin. Ohne Schnaps und Rauch stirbt die andere Hälfte auch, – also rauch!*

Ja, und dann saß ich in Fehmarn auf der Hauseingangstreppe und rauchte eine Zigarette, weil das hier in meinen Augen vornehmer war als Pfeife und dachte erneut darüber nach, wie ich davon loskommen könnte. Ich dachte an die Worte einer anderen Frau aus meiner Gemeinde, die mir gesagt hatte: ›Alleine schaffst du es nicht, dir das Rauchen abzugewöhnen, Alfred. Das kann nur mit Gottes Hilfe geschehen.‹

Ehe ich mich versah, – die Kippe hatte ich längst ins Gebüsch geschnippt – war ich mit Jesus ›im Gespräch‹. In Gedanken bat ich ihn, mich von dieser Sucht zu befreien. – Und das Wunder geschah nur wenige Augenblicke später.

Kalter Schweiß trat mir auf die Stirn, und mir wurde so übel, daß ich mich übergeben mußte.

›Zum Teufel mit den Sargnägeln!‹ sagten mir meine Gedanken. – Ich warf sie in den Müllkübel.

Es war nicht zu fassen und doch wahr: Von heute auf morgen war ich von meiner Sucht befreit. Ohne Medikamente. Ohne Entzugserscheinungen. Frei. Das konnte nur Gott getan haben!

Halleluja! – Renate, die, ohne daß ich es wußte, für mich gebetet hatte, fiel mir um den Hals.

Aber das war erst der Anfang. In der folgenden Zeit geschah so manches, das unverkennbar die Handschrift Gottes trug.

Kurz gesagt: Dieser Gemeinde habe ich es zu verdanken, daß ich erste Schritte in einem lebendigen Glauben gehen lernte. Ich gewann Selbstvertrauen und Vertrauen zu meiner Umgebung. Ich schöpfte Hoffnung in eine bessere Zukunft. Es ging wieder bergauf.

Am 6. Juli 1980 ließ ich mich taufen, das heißt, ich bekam die Ganztaufe. Und dies ist mein Taufspruch, der im Ersten Buch Mose Kapitel 26, Vers 24 steht:

›Fürchte dich nicht, denn ICH bin mit dir, und ich will dich segnen.‹«

Kapitel 16

»Welch ein Wort, nicht wahr? Der lebendige Gott ist mit dir und will dich segnen, Alfred. Er will, daß es dir gut geht. – Und zu erleben: Es stimmt. Du darfst dich auf dieses Wort berufen und kannst dich darauf verlassen.

Gott ist mit mir, wenn ich wieder einmal als Bittsteller auf die Behörde muß. Und dort, wo ich sonst lange warten mußte oder vertröstet oder abgewimmelt wurde, da ist man mit einem Male sehr freundlich. Herr Eder hier, Herr Eder da. Möchten Sie eine Tasse Kaffee, Herr Eder? Brauchen Sie Geld? Können wir sonst noch was für Sie tun?

Die Menschen, mit denen ich zu tun hatte, müssen gespürt haben: Der Eder, dieser komische, bollerige Kauz ist furchtloser denn je. Mit dem können wir nicht länger umspringen wie bisher. Es ist beinahe so, als wenn der nicht mehr alleine kommt.

Da lagen sie ja gar nicht so falsch, und ich staunte wirklich, welchen Respekt man mir auf einmal zollte. Vielleicht ahnten sie, daß die Fetzen fliegen, wenn dieser Jemand neben mir auf den Tisch schlägt.

Wenn und aber, vielleicht, nicht zuständig, nicht zu sprechen, das gab es nicht mehr.

Jedenfalls sahen die Leute lieber meine Hacken als mein Gesicht.

Fürchte dich nicht, Alfred …

Ich habe mir diesen Spruch nicht ausgesucht. Er ist mir zugesprochen worden. Wahrscheinlich hatte Gott schon lange auf eine Gelegenheit gewartet, mir dieses Wort ins Herz zu geben.

Es ist im Leben nie zu spät, umzukehren oder den Weg zu verlassen, wenn einem klar geworden ist, daß er in den Abgrund führt, auch nicht mit zweiundsechzig Jahren, aber im Nachhinein wünschte ich doch, einem Menschen wie Pfarrer Schimmelpfennig Jahrzehnte früher begegnet zu sein.

Ich will nicht verschweigen, daß es Situationen gab, in denen ich dachte: Wieviel Leid wäre dir erspart geblieben, wenn du in Oradour geschossen hättest? Ist nicht in Oradour das Getriebe in Bewegung gesetzt worden, zwischen dessen Räder du dann geraten bist? – Gottlob weiß ich, ich hätte gar nicht anders handeln können, weil Gott es so wollte und nur ER mir damals die Kraft gab, nicht zu schießen. Deshalb ist es sinnlos, mir heute darüber den Kopf zu zerbrechen, wie mein Leben wohl ohne Oradour verlaufen wäre.

Was hätte nicht alles vermieden werden können, wenn ich nicht um die Entschädigung betrogen worden wäre, wenn man mir nicht den Raub jener Geldkassette angedichtet hätte, wenn meine Frau Elke bei mir geblieben wäre, wenn wenn und nochmals wenn …

Wieviele Kämpfe und Irrwege hätte ich vermeiden können, wenn ich schon damals erkannt hätte, was Pfarrer Schimmelpfennig mir deutlich machte:

Was auch geschehen ist und gegenwärtig geschieht: Du hast kein Recht, Gott dafür anzuklagen und die Menschen zu hassen.

Zurückblickend erkenne ich viele Situationen, in denen Gott mir sehr nahe gewesen ist, ohne daß ich ihn erkannt habe.

Der Justizbeamte in Butzbach, der meinen Kassiber nach draußen brachte und einem Rechtsanwalt zuspielte; der Kalfaktor in Fuhlsbüttel, der sich trotz

›Vorsicht! Infektion! Lebensgefahr!‹ nicht davon abhalten ließ, mich mit dünner Wassersuppe am Leben zu erhalten; sie müssen Engel gewesen sein.

Nachdem ich anhand von Skizzen auf noch unentdeckte Massengräber in Holland aufmerksam gemacht hatte, nahmen meine Hör- und Sehfähigkeit drastisch ab. Als wollte Gott mir sagen: Alfred, du hast genug gehört und gesehen. Laß jetzt die Finger davon. Du sollst nicht mehr kämpfen. Überlaß das mir. Ich habe den längeren Atem. –

Aber weil ich IHN nicht erkannte, kämpfte ich weiter, aus eigener Kraft, die ohnehin sehr begrenzt war.

Schließlich dieser unscheinbare Pfarrer aus Gelsenkirchen, der mir mit wenigen Worten die Tür öffnete, die zurück ins Leben führte.

Ich kam mir vor wie der verlorene Sohn in jenem Gleichnis, der bei den Schweinen zur Besinnung kommt und weiß, er muß sich aufmachen zu seinem Vater. Er weiß es nicht nur, er tut es auch. Er bittet den Vater um Vergebung, und so kommt es zur Versöhnung.

Mein Sohn war tot, sagte der Vater, aber jetzt lebt er wieder.

Und dann zu erfahren, wie schön und befreiend es ist, sich mit einem zu lebenslanger Haft verurteilten ehemaligen SS-Offizier zu versöhnen, ihm die Hand zu geben, weil er jetzt selbst ein Leidender ist und ich schlecht jemanden leiden sehen kann. Ja, das habe ich getan, ich, der SS-Leute fürchten gelernt hat.

Welch ein Erlebnis zu sehen, wie dieses lebensfeindliche Bollwerk aus Groll, Unversöhnlichkeit, Haß und Bitterkeit, das uneinnehmbar schien, in sich zusammenfällt und Raum schafft für Neues.

Die Geschehnisse sind zwar noch da; denn vergessen kann ich sie nicht. Das ist mir oft vorgehalten worden: Alfred, du mußt vergessen können! –

Wie soll ich vergessen können, wenn ich jeden Tag daran erinnert werde? Ich brauche doch nur in den Spiegel zu schauen, dann werde ich daran erinnert, daß man mir mit dem Stiefelabsatz hohnlachend die Zähne eingetreten hat. Oder auf die Fingerkuppen, um daran erinnert zu werden, wo und wie die Henkersknechte die Daumenschrauben anlegten.

Die Erinnerung an manch Geschehnis ist wohl mit den Jahren verblaßt, aber vergessen? Das geht nicht, das geht einfach nicht.

Aber Vergeben, das geht. Und dann schmerzt die Erinnerung nicht mehr.

Vergeben: Das ist das große Geheimnis.

Und hilf, daß ich vergebe, wie ***Du*** *vergibst, und meinen Bruder liebe, wie* ***Du*** *mich liebst ...*

Vergeben, das war es, was meinem Leben die entscheidende Wende gab. – Nur schade, daß meine lieben Eltern das nicht mehr miterleben konnten.«

Kapitel 17

Mehr als zehn Jahre sind seit der Begegnung mit Pfarrer Schimmelpfennig vergangen. Es ist ruhiger geworden um Alfred Eder.

Es gab Phasen, in denen er das Ruder seines Lebens wieder selbst in die Hand nehmen wollte. Das geschah immer dann, wenn er auf Menschen traf, die ihn mit seiner Vergangenheit herausforderten. Dann setzte sich in ihm wieder für kurze Zeit die alte Kämpfernatur durch.

Alfred Eder hielt an seinem Glauben fest, auch wenn das Vertrauen, das er in die Menschen seiner Umgebung setzte, vielfach enttäuscht wurde und so manches geschah, was ihn hätte verzweifeln lassen können.

Doch genau das geschah nicht.

Ein Wohnungsloser, den er bei sich aufnahm, schlief mit der Zigarette im Bett ein und verbrannte in der Wohnung.

Ein ehemaliger Mithäftling bestahl ihn und schlug ihn in der Wohnung krankenhausreif.

Erst kürzlich wurde er frühmorgens aus dem Bett heraus verhaftet, weil er tags zuvor an einer U-Bahn-Station einen Polizisten angegriffen haben sollte, wurde einen halben Tag zwischen Untersuchungsgefängnis, Psychiatrischer Anstalt und Anklagebehörde hin und her gefahren, bis sich schließlich herausstellte, daß hier ein Irrtum vorlag.

Das alles ließ ihn nicht verzweifeln, sondern bewußt oder unbewußt Zuflucht suchen bei dem, der ihm in der Taufe zugesagt hatte:

Fürchte dich nicht, Alfred, denn ich bin mit dir, und ich will dich segnen.

Seit Wochen ist Alfred Eder ans Bett gefesselt. Bei einem Sturz in der Badewanne hat er sich den Hüftknochen verletzt. Jetzt hat sich herausgestellt, daß der Bruch schief zusammengewachsen ist. Das bedeutet, er kann kaum noch gehen, und wenn, dann nur unter starken Schmerzen. Auf allen Vieren ist er an die Tür gekrochen, um mir zu öffnen. Wenn er je wieder einigermaßen gehen will, muß der Knochen noch einmal gebrochen werden, in seinem Alter und Zustand ein Eingriff mit hohem Risiko.

In den letzten vier oder fünf Monaten hat ihn ein junger Mann aus der ehemaligen DDR versorgt, das heißt Essen gekocht, Einkäufe erledigt, Wäsche gewaschen, die Wohnung sauber gehalten und ihn begleitet, wenn er zum Hausarzt, ins Krankenhaus, zur Post oder zu Behörden mußte.

Dafür durfte er zur Untermiete bei ihm wohnen, auf Alfreds Kosten leben, und außerdem wurde er vom Sozialamt für die Betreuung bezahlt.

Aber dann ließ er sich mehrere Tage hintereinander nicht sehen, und als er schließlich noch gut tausend Mark von Alfreds Girokonto abhob, setzte er ihn vor die Tür.

Ein allein lebender Mitbewohner des Hauses, der sich anbot, für ihn einzukaufen, enttäuschte ihn ebenfalls. Er kam von seinem »Einkauf« nicht zurück und erleichterte den Bettlägerigen außerdem um zweihundertfünfzig Mark.

In beiden Fällen erstattete er keine Anzeige.

»Ich habe in meinem Leben viel Unrecht begangen«,

sagt er mir. »Nun weiß ich mal, wie das ist, wenn man selbst beklaut wird.«

Als der junge Mensch aus Dresden die tausend Mark auf Sankt Georg durchgebracht hat, kehrt er zu Alfred zurück. Und der vergibt ihm.

Alle zwei Tage kommt sein Hausarzt. Alfred klagt über Schluckbeschwerden, Schmerzen in der Brust und unerträgliche Kopfschmerzen, die schon Tage andauern. Trotz Tabletten findet er keinen Schlaf.

Er würde gern aufstehen, am liebsten ein paar Schritte um das Haus machen, aber jede kleinste Bewegung bereitet ihm Schmerzen, und sobald er nur den Kopf hebt, wird ihm schwindelig. Ein Bild des Jammers, wie er so daliegt in seinem Bett, seit Tagen unrasiert und Fieberschweiß auf der Stirn. Aber kein Wort des Jammers aus seinem Mund. Keine Klagen gegen Gott. Keine Bitterkeit.

Im Gegenteil: Dieser von Krankheit gezeichnete, geschundene Mensch sagt mir: »Warum soll ich klagen? Anderen geht es noch viel schlechter!«

Das sagt ein Mensch, der fast taub, fast blind und praktisch gehunfähig ist und niemanden hat, der sich aufrichtig um ihn kümmert.

Das sagt ein Mensch, der rund achtundzwanzig Jahre hinter Gittern und zusammengerechnet einige Jahre in Krankenhäusern verbracht hat.

»Aber ich sage Ihnen auch ehrlich«, fährt er dann fort, und seine Stimme wird dabei fast flüsternd, »ich wünschte, der Herr würde mich noch heute oder morgen zu sich rufen. Ich wünschte, er würde den unbestechlichen Reiter schicken und mir sagen lassen: ›Alfred, komm und steig auf. Deine Uhr ist abgelaufen.

Du hast genug mitgemacht. Jetzt bricht eine neue Zeit an.‹ Lieber heut' als morgen sollte er mich abberufen. Ich mag nicht mehr.«

Für ihn gibt es keinen Zweifel, er wird in den Himmel kommen. Nicht, weil er die Hölle schon zu Lebzeiten hat durchleben müssen. Vielmehr, weil er Jesus Christus als seinen Herrn angenommen und dieser Jesus ihm all seine Missetaten vergeben hat.

»*Denk an mich, Herr!* – hatte der Verbrecher gesagt, der zusammen mit Jesus gekreuzigt wurde, und Jesus hatte ihm versprochen: *Heut' noch wirst du mit mir im Paradiese sein.* – Nicht wahr? Das hatte Jesus gesagt.«

Alfred Eder kommen die Tränen. Doch er faßt sich schnell wieder und fährt dann noch leiser fort:

»Die wollten mich schon nach Ochsenzoll bringen.«

»Nach Ochsenzoll?«

»In die Psychiatrie. Weil ich gegenüber der Nachbarin geäußert hatte: *Ich mag nicht mehr.* Die dachte, ich wollte mir was antun. – Buchstäblich im letzten Augenblick konnte ich erklären, wie ich das meinte und damit verhindern, daß sie mich wegbrachten. – Sie sehen, wie vorsichtig man sein muß mit dem, was man sagt.«

Seit ich Christ bin, gibt es für mich keinen Zufall mehr. Diesen Menschen Eder habe ich gesucht und gefunden, aber war das wirklich mein eigener Entschluß? Hatte hier nicht Gott seine Finger im Spiel?

Ich habe mich oft gefragt, aus welchem Grund sich unsere Wege kreuzten und welche Rolle ich in dieser bizarren Geschichte übernehmen soll. Eine erschöpfende Antwort habe ich noch nicht gefunden, allenfalls eine Ahnung.

Über die Ereignisse in Oradour ist viel berichtet und geschrieben worden.

Daß die Nachkriegsjustiz von Juristen mit nationalsozialistischer Prägung durchsetzt war, ist ebenfalls hinreichend bekannt.

Und daß die Polizei nicht in jedem Fall dein Freund und Helfer ist und im Namen des Volkes noch lange nicht immer Recht gesprochen wird, ist weder neu noch eine Tatsache, die die Gemüter erregt.

Ich habe viel erfahren und gelernt aus der Begegnung mit diesem vom Leben so hart gebeutelten Menschen. Das ist mir ein großartiges Geschenk, aber das kann nicht der alleinige Grund für das Leid sein, das ihm widerfahren ist.

Welche Botschaft ist es dann, die er hinterläßt?

Hat Alfred Eder, den die Justiz zu einem gemeingefährlichen Gewohnheitsverbrecher abstempelte, vor dem die Gesellschaft zu schützen war, dieser Gesellschaft überhaupt etwas zu sagen?

Erzählt von der Größe Gottes, unseres Herrn, heißt es in einem neueren Kirchenlied, und weiter: Er ist vollkommen, in allem, was er tut. Ein Gott, der Treue hält, er ist ganz ohne Falsch, gerecht und heilig ist er.

Gott hat an ihm etwas begonnen, schon in seiner Heimat Ostpreußen, und was Gott begonnen hat, das führt er auch zu Ende.

Alfred Eder kann heute sagen, daß er die Größe Gottes erlebt hat, auch und gerade in jenen Situationen, die hoffnungslos schienen. Aber davon erzählen? Wem?

In seinem Leben hat es nur wenige Menschen gegeben, die ihm wirklich zuhören konnten. Einer davon war sein Marburger Rechtsanwalt, der vergeblich für ihn gekämpft hatte, ein anderer sein langjähriger Verteidiger in Hamburg, beide Christen.

In den Gastwirtschaften seiner unmittelbaren Umgebung hat er schon lange Lokalverbot, weil niemand hören will, was er zu sagen hat, er andererseits aber unweigerlich beim Thema ist, wenn man ihm nur ein einziges Stichwort gibt.

Sein Leben, in dem es nur sehr wenige Höhepunkte gab, ist ein einzigartiges Zeugnis der Gnade Gottes. Wenn dieses Zeugnis nur einen einzigen Menschen erreicht und zur Umkehr bewegt, wieder zurück oder erstmalig hin zum lebendigen Glauben, dann hat sich das Leben des Alfred Eder gelohnt.

Auf dem Waldfriedhof in Buxtehude möchte er neben seinen Eltern die letzte Ruhe finden. Ich habe ihm versprochen, auf seiner Beerdigung die Ansprache zu halten. Gerne erweise ich ihm diesen letzten Liebesdienst.

Und: Ich werde diese Gelegenheit nutzen, wenigstens einigen Menschen zu sagen, wer dieser Sicherungsverwahrte zur besonderen Verwendung wirklich war, bevor die Akte Eder geschlossen wird.

Nachwort

»Nur wenn die Überlebenden reden, können die Nachfolgenden aus der Geschichte lernen.« Diese Worte sagte Bundespräsident Roman Herzog am 27. April 1995 an der Gedenkstätte des ehemaligen Konzentrationslagers Bergen-Belsen.

Alfred Eder kann nicht mehr reden. Er ist tot. Am 2. November 1994 um die Mittagszeit setzte der HERR über Leben und Tod seinem Leiden ein Ende und holte ihn heim. Er entschlief friedlich in seiner Hamburger Wohnung. Ein Mitarbeiter eines privaten Pflegedienstes, der ihn täglich versorgte und ihn darüber hinaus bis zu mehreren Stunden Gesellschaft leistete, war in seiner Sterbestunde bei ihm.

Bis zuletzt lebte er in einer Sozialwohnung in Hamburg-Barmbeck. Als 100% Schwerbehinderter war er jedoch auf ständige Hilfe angewiesen. Auch wenn sein Aktionsradius sehr klein geworden war und sich auf die unmittelbare Nachbarschaft beschränkte, zeigte er doch lebhaftes Interesse an allem, was in der Welt geschah.

Sein Gedächtnis hatte rapide abgenommen. Hüft- und Rückenbeschwerden machten ihm das Gehen fast unmöglich. Er litt an einem hirnorganischen KZ-Psychosyndrom, das die Erinnerung an die hinter ihm liegenden Schrecken wieder und wieder lebendig werden ließ.

Trotz seiner gesundheitlichen Probleme, die ihn oft für Tage und Wochen ans Bett fesselten, und der damit verbundenen Schmerzen kam nie ein Wort der Klage oder gar der Anklage gegen Gott über seine Lippen. Im Gegenteil: »Wenn ich an die Leute denke, die ich in den Krankenhäusern gesehen habe«, sagte er, »Unfallopfer zum Beispiel, für den Rest des Lebens gelähmt, oder junge Frauen mit Krebs, die nur noch kurze Zeit zu leben haben, dann falte ich still meine Hände und danke Gott, daß es mir nicht so schlecht geht.«

Kein Jammern also und kein Klagen, aber wenn sein Hausarzt ihm sagte: »Herr Eder, Sie werden hundert Jahre alt«, dann winkte er ab.

An den Maßstäben der Welt gemessen wurde er um sein Leben betrogen. Es fällt schwer, all das nachzuvollziehen, was im Leben dieses Menschen geschehen und was ihm im Namen des Volkes angetan worden ist.

Mit Alfred Eder ist ein Mensch von uns gegangen, der aus der Bahn geworfen wurde, weil er, fest im Glauben verwurzelt, in der Kirche zu Oradour nicht zuerst auf sich schaute. Indem er sich einem unmenschlichen Befehl widersetzte, riskierte er alles, was er hatte: sein Leben.

In den folgenden Jahrzehnten ist ihm erschreckend viel Unrecht zugefügt worden, aber es hat ihn nicht überwältigen können. Im Gegenteil: Er hat über dieses Unrecht triumphiert, indem er seinen Feinden vergab. Das ist ein Zeichen, das diesen Menschen ins Licht stellt. Wer dieses Zeichen nicht sieht, ist mit Blindheit geschlagen.

Ich habe mich oft gefragt, wie ich mich in vielen Situationen verhalten hätte, die er durchstehen mußte und durchstanden hat.

Mit ihm habe ich einen Menschen verloren, der mir zum Freund geworden ist, dem ich wertvolle Impulse für mein weiteres Leben verdanke, der mein Leben bereichert hat. Nie bin ich leer von ihm weggegangen, sondern immer als ein Beschenkter. Diese Erfahrung teile ich mit jenen Menschen, die ihn gekannt und wahrhaftig verstanden haben. Ich bin sehr dankbar dafür, daß ich ihm begegnen und teilhaben durfte an seinem Schicksal.

Dank der Fügung Gottes durfte ich Sprachrohr für ihn sein. »Ich nehme meine Geschichte nicht mit ins Grab.« Diese Worte habe ich oft gehört. So war es mir eine große Freude, ihm im April 1994 *sein* Buch *Unschuldig schuldig* zu präsentieren. Zu Tränen gerührt, konnte er es kaum fassen, daß sein Glaubenszeugnis seinen Tod überdauern wird.

Die Wochen nach seinem Ableben waren für mich von der Ungewißheit geprägt, ob ich mein Versprechen würde einlösen können, auf seiner Beerdigung die Ansprache zu halten. Weil keine Angehörigen gefunden werden konnten, sollte es gar keine Trauerfeier geben, doch am 15. Dezember 1994 habe ich zusammen mit fünf anderen Christen Alfred Eder auf dem Waldfriedhof in Buxtehude würdevoll bestattet, seinem Wunsch entsprechend auf dem Grab seiner Eltern. Auch dafür bin ich dem HERRN dankbar, daß ich ihm diesen letzten Liebesdienst erweisen durfte.

Neumünster, im September 1995
Harald Kruse

Was hat das mit mir zu tun?

Wozu lebe ich?

Die Lebensgeschichte, die Sie eben gelesen haben, hat bezeugt, daß jeder Mensch, wie verbittert und enttäuscht er wurde, durch den Glauben an den Herrn Jesus Christus nicht nur Vergebung seiner eigenen Schuld erhalten kann, sondern auch in der Lage ist, ohne Haß und Vergeltung, auch anderen zu vergeben. Er kann einen neuen Lebensinhalt und ein neues Lebensziel bekommen, so daß er getrost und ohne Illusionen der Zukunft, die in Gottes Händen liegt, entgegensehen kann.

Die Bibel sagt, daß der Mensch nicht ein Produkt des Zufalls, sondern ein Geschöpf Gottes ist. Deshalb kann auch nur Er, der uns geschaffen hat, zuverlässige Aussagen über unser Woher, Wohin und Wozu machen.

Gott hat den Menschen geschaffen,

- um Seine Schöpfung zu bebauen und zu bewahren (1. Mose 1,28; 2,15),
- um Ihn zu ehren und Ihm zu danken (Römer 1,21),
- um Ihn zu lieben aus ganzem Herzen, ganzer Seele und mit allen Kräften und seinen Nächsten wie sich selbst (Markus 12,30.31).

Der Mensch, anfangen bei Adam und Eva, hat jedoch den Herrschaftsanspruch Gottes abgelehnt, wollte sein wie Gott und sein Leben ohne Ihn und nach eigenem Gutdünken gestalten.

Sünde – was ist das?

Diese Auflehnung gegen Gott, der Anspruch, das Leben unabhängig und in eigener Regie zu leben, ist die eigentliche Sünde des Menschen. Durch sie ist er aus der Gemeinschaft mit Gott gefallen und lebt seitdem getrennt von Ihm. Aus diesem Zustand der Sünde kommen dann die einzelnen sündigen *Taten*.

Durch die Sünde ist der Mensch also

- getrennt von Gott (Jesaja 59,2)
- tot in Gottes Augen (Epheser 2,1)
- ein Feind Gottes (Römer 5,10)
- unfähig, Gott zu gefallen (Römer 8,8)
- zur ewigen Trennung von Gott, zur ewigen Verdammnis verurteilt (Römer 6,23).

Alle seine religiösen Kraftanstrengungen und Versuche, diese Trennung von Gott zu überwinden, scheitern an der völligen Sündhaftigkeit und Verderbtheit des Menschen. Durch die Sünde befindet er sich wie in einem Sumpf, aus dem er sich durch eigene Kraft nicht retten kann.

Wozu Jesus Christus?

Gott allein, dessen Wesen sowohl absolute Heiligkeit und Gerechtigkeit, als auch absolute Liebe und Gnade ist, konnte eine Brücke zum Menschen bauen. Er suchte und fand einen Weg, um die Menschen, die Er liebte, zu retten, ohne dabei Seine Heiligkeit aufzugeben.

Gottes Gerechtigkeit forderte eine gerechte Strafe für die Sünden, und so gab es nur einen Weg zur Errettung und Erlösung des Menschen: Ein Mensch ohne Sünde mußte stellvertretend die Sünde der Menschen tragen, die sich retten lassen würden.

Dieser Mensch war Jesus Christus, der Sohn Gottes. Er kam auf diese Erde, um auf Golgatha stellvertretend unsere Sünden auf sich zu nehmen. Dort wurde der Sohn Gottes von haßerfüllten Menschen ans Kreuz genagelt und unsagbar verspottet und mißhandelt. Aber an diesem Kreuz hat Gott unsere Schuld an Jesus Christus gerichtet.

Wie ein Blitzableiter den vernichtenden Blitz auf sich lenkt und ableitet, so hat der Herr Jesus Christus den gerechten Zorn Gottes über unsere Sünden auf sich geladen und dadurch unsere Errettung möglich gemacht.

»Welcher keine Sünde tat, noch wurde Trug in seinem Munde erfunden, der, gescholten, nicht wiederschalt, leidend, nicht drohte, sondern sich dem übergab, der recht richtet; welcher selbst unsere Sünden an seinen Leibe auf dem Holze getragen hat.« (1. Petrus 2,22-24)

»Den, der Sünde nicht kannte, hat Gott für uns zur Sünde gemacht, auf daß wir Gottes Gerechtigkeit würden in ihm.« (2. Korinther 5,21)

»Denn also hat Gott die Welt geliebt, daß er seinen eingeborenen Sohn gab, auf daß jeder, der an ihn glaubt, nicht verloren gehe, sondern ewiges Leben habe.« (Johannes 3,16)

Darum ist Jesus Christus der einzige Weg zu Gott, die einzige Möglichkeit, mit Gott versöhnt zu werden. Er sagt von sich:

»Ich bin der Weg und die Wahrheit und das Leben. Niemand kommt zum Vater, als nur durch mich.« (Johannes 14,6)

»Es ist in keinem anderen das Heil; denn auch kein anderer Name ist unter dem Himmel, der unter den Menschen gegeben ist, in welchem wir errettet werden müssen.« (Apostelgeschichte 4,12)

Glauben – was heißt das?

Das Opfer Jesu Christi wird aber nicht automatisch jedem Menschen angerechnet. Die Voraussetzung für die Vergebung der Sünden ist der persönliche Glaube an Jesus Christus.

Glaube ist nicht nur ein Für-wahr-halten von Tatsachen, sondern ein überzeugtes Gott-recht-geben und völliges Vertrauen auf Gottes Zusage.

Zuerst gebe ich Gott recht, indem ich bekenne,
- daß ich ein Sünder bin,
- daß ich als gerechten Lohn für meine Sünden die ewige Verdammnis verdient habe.

Glauben heißt danach aber auch, mich einzig auf den Herrn Jesus und Sein Werk zu stützen und die zugesprochene Vergebung der Sünden dankbar anzunehmen.

Christus, der nicht lügen kann, auf dessen Wort ich mich also absolut verlassen kann, sagt:
»Wer mein Wort hält und glaubt dem, der mich gesandt hat, hat ewiges Leben und kommt nicht ins Gericht, sondern er ist aus dem Tode in das Leben übergegangen.«

(Johannes 5,24)

»Wenn wir unsere Sünden bekennen, so ist er treu und gerecht, daß er uns die Sünden vergibt und uns reinigt von aller Ungerechtigkeit.« (1. Johannes 1,9)

Praktisch sieht das so aus:
1. Im Gebet Gott meinen sündigen Zustand und meine Sünden bekennen.
2. Gott um Vergebung bitten.
3. Gottes Zusage der Vergebung durch das Opfer Jesu Christi im Glauben annehmen und Ihm für die für mich vollbrachte Erlösung danken.

4. Jesus Christus als Herrn meines Lebens anerkennen und Ihm die Führung meines Lebens anvertrauen.

In dem Augenblick, wo ich aufrichtig zu Gott umkehre, meine Schuld bekenne und im Vertrauen auf das Blut des Herrn Jesus Seine Vergebung annehme, bewirkt Gott in mir eine »neue Geburt« (Johannes 3,5).

Damit schenkt Gott mir unter anderem:

- Erlösung (Epheser 1,7; 1. Petrus 1,18.19)
- Vergebung (Epheser 1,7; 1. Johannes 1,9)
- Rechtfertigung (Römer 3,23-28; 5,1)
- Gotteskindschaft (Johannes 1,12; 1. Johannes 3,1)
- ewiges Leben (Johannes 3,14-16; 5,24; 6,40; 10,27-29)

Wie lebe ich als Christ?

Dieses von Gott geschenkte neue Leben muß nun genährt, gestärkt und gepflegt werden.

Kennzeichen eines gesunden Glaubenslebens:

1. *Lesen und Studieren der Bibel*

   Die Bibel ist das verbindliche, inspirierte Wort Gottes. Sie ist der Maßstab und die Nahrung des neuen Lebens. Gott spricht durch dieses Buch zu uns und möchte uns mit dem Reichtum der ewigen Dinge und mit Seinen Gedanken und Absichten vertraut machen.

   So wie unser Körper regelmäßig Speise benötigt, um wachsen und funktionieren zu können, braucht das geistliche Leben das Wort Gottes als Nahrung zu einem gesunden Wachstum (1. Petrus 2,2; 2. Timotheus 3,15-17).

2. *Beten*

   Gott redet durch Sein Wort zu uns, und wir dürfen im Gebet zu Ihm sprechen und unseren Dank, unsere Anbetung, Bitten und Anliegen ausdrücken. Gott hört und erhört Gebet. Wir können zu jeder Zeit und in jeder Situation beten, sollten aber auf jeden Fall den Tag mit Gebet beginnen und beenden (1. Thessalonicher 5,17; Epheser 6,18).

3. *Gemeinschaft pflegen*

Der Christ ist kein Einzelgänger, sondern gehört zur Schar derer, die als Erlöste die Kirche oder Gemeinde Gottes bilden. Diese Gemeinde wird in der Bibel auch mit einem Leib verglichen, an welchem jeder von neuem Geborene ein Glied ist und eine bestimmte Aufgabe hat.

Die Gemeinschaft mit Christen, die Jesus Christus als ihren Retter und Herrn kennen und lieben und die Bibel ohne Einschränkung als alleinigen Maßstab für ihr Leben anerkennen, ist deshalb ein weiteres, wichtiges Element im Leben eines Christen (1. Korinther 12,12; Hebräer 10,25).

4. *Den Herrn bekennen*

Der Glaube soll in unseren Worten und Taten zum Ausdruck kommen. Christsein ist keine Privatsache. Gott möchte, daß wir uns eindeutig auf Seine Seite stellen und unseren Mitmenschen durch Wort und Tat ein Wegweiser zu Jesus Christus sind.

Dieser Welt, die unseren Herrn Jesus gekreuzigt hat, dürfen wir die Frohe Botschaft von der Liebe Gottes in Jesus Christus weitersagen (Matthäus 10,32; Römer 10,8-10).

»So sind wir nun Gesandte für Christum, als ob Gott durch uns ermahnte; wir bitten an Christi Statt: Laßt euch versöhnen mit Gott!« (2. Korinther 5,20)

»Seid aber jederzeit bereit zur Verantwortung gegen jeden, der Rechenschaft fordert wegen der Hoffnung, die in euch ist« (1. Petrus 3,15)

dtv

Hardcover

Walter Wedel

Nur 20 Kilometer

224 Seiten
16,80 DM
ISBN 3-89397-315-2

Zwölf Jahre ist Waldemar, als er, die Mutter und zwei Schwestern mit einer Gruppe deutscher Frauen und Kinder in den russischen Urwald gebracht werden. »Wir werden euch nicht erschießen, ihr verreckt auch so … und der da, der ist noch klein, der wird unser …«

Wird Waldemar durchhalten? In jugendlicher Verzweiflung schwört er Rache.

dLV Taschenbuch

Richard Bennett

Auf der Suche

96 Seiten
2,80 DM
ISBN 3-89397-131-2

Wir Menschen sind Suchende – im schlimmsten Fall ein Leben lang. Ein Vakuum in uns drängt nach Erfüllung und treibt uns auf die Suche. In der Sehnsucht nach Befriedigung suchen viele das Heil bei der breiten Palette von Angeboten zwischen Konsumindustrie und östlicher Mystik – und stoßen immer wieder zurück auf die Leere in sich.

Richard Bennett, bekannter Bibellehrer, zeigt engagiert, daß Gott von Anbeginn an einen Erlösungsplan mit dem Menschen verfolgt hat, und wie unser Suchen in Wahrheit unsere existentielle Sehnsucht nach Gott ist.

»Dieses Buch wird sich als unschätzbare Hilfe erweisen – sowohl für wirklich Suchende, um den Herrn zu finden, als auch für solche, die ihn bereits kennen.« (Alan Redpath)